DEM EIGENEN LEBEN AUF DER SPUR

Felix Bernhard

DEM EIGENEN LEBEN AUF DER SPUR

Als Pilger auf dem Jakobsweg

Scherz

Für meinen Vater

www.fischerverlage.de

Dritte Auflage 2007
Erschienen bei Scherz, ein Verlag
der S. Fischer Verlag GmbH, Frankfurt am Main

Karte: Kartengrafik, Mannheim
Satz: H & G Herstellung, Hamburg
Druck und Bindung: GGP Media GmbH, Pößneck
Printed in Germany

ISBN: 978-3-502-15093-0

I VÍA DE LA PLATA

Als ich in Barcelona lande, ist es warm. Eine blendende Sonne empfängt mich, die die letzten Gedanken an die Frankfurter Pfützen, die ich gerade noch umkurven musste, vertreibt. Ich werde in einem schmalen Bord-Rollstuhl als Letzter aus dem Flugzeug hinausgetragen, wir waren insgesamt vier Rollstuhlfahrer an Bord.

Mein Anschlussflug nach Sevilla, an den eigentlichen Ausgangspunkt für meine Reise, geht erst morgen früh.

Da ich in Barcelona noch keine Übernachtungsmöglichkeit habe, spreche ich den jungen Leiter einer Reisegruppe an, die mit mir zusammen aus Frankfurt hierher geflogen ist. Holger arbeitet als Sozialpädagoge bei der Lebenshilfe Würzburg, er hat für die zehn Männer und Frauen mit geistiger und körperlicher Behinderung, die er begleitet, einen Platz in der barrierefreien Jugendherberge im Zentrum der Stadt reserviert.

Barrierefrei – eine der Wortschöpfungen, über die ich immer wieder und immer noch »stolpere«. Die meisten Menschen ahnen gar nicht, wie sehr sich die Wege, die man in einer Stadt nimmt, ändern, wenn man plötzlich nicht mehr laufen kann. Jede höhere Bordsteinkante bedeutet einen Umweg, jede Stufe vor einem Gebäude heißt, Steinchen ans Fenster werfen zu müssen oder per Handy um Hilfe zu bitten.

Der Gang durch die Stadt wird zu einer Fährtensuche ganz eigener Art: Wie lassen sich Straßenwechsel, Übergänge, Gebäudezutritte und so weiter am besten miteinander verbinden – ohne dabei auf

Hindernisse zu stoßen, die für alle anderen keine sind und nicht einmal als solche wahrgenommen werden?

Gern schließe ich mich für eine Nacht einer neuen Gruppe an. Zugleich muss ich über die Situation herzlich lachen, schließlich liegt genau das Gegenteil von einer betreuten Pauschalreise vor mir. Jessica, eine weitere Betreuerin, findet es cool, dass ich in den nächsten Wochen jeden Abend in einem anderen Bett schlafen werde. Sie fragt nur, ob mich die Einsamkeit, die mich erwartet, nicht schreckt. Aber das ist meine geringste Sorge. Gerade sie suche ich ja.

Vor mir liegen sechs Wochen Jahresurlaub am Stück und 1200 Kilometer Jakobsweg. Ich werde auf der Vía de la Plata von Sevilla nach Santiago de Compostela wandern, quer durch Spanien, einmal von Süden nach Norden. Ab morgen bin ich Pilger. Erst vor wenigen Stunden habe ich mich von meinen Frankfurter Kollegen verabschiedet.

»Heute machst du wirklich einen halben Tag frei«, hatte einer meiner Kollegen gewitzelt, als ich am Mittag das Büro verließ. Dieser Spruch war ein Ritual in unserer Abteilung gewesen, wenn einer vor 20 Uhr nach Hause ging, was selten genug der Fall war.

Der Kollege sah müde aus, nachdem er über ein halbes Jahr eine Milliarden Euro schwere Akquisition einer großen türkischen Bank begleitet hatte, die schließlich im allerletzten Moment vom Vorstand doch abgelehnt worden war. Ich war dankbar, nicht bei diesem Mammutprojekt dabei gewesen zu sein, so hatte ich mir viele Nachtschichten und eine große Enttäuschung erspart. Stattdessen hatte ich während dieser Zeit im aufregenden Moskau den Kauf einer russischen Geschäftsbank geprüft.

Nach der Pilgerreise und meiner Rückkehr nach Frankfurt werde ich nicht mehr an meinen alten Arbeitsplatz zurückkehren. Ich werde dann für eine Tochtergesellschaft des Bankhauses, bei dem ich angestellt bin, arbeiten. Meine Jahre in der Abteilung für Konzernentwicklung, dem Allerheiligsten dieser Bank, sind vorüber.

Das alles lag hinter mir, als ich bei strömendem Regen nur mit dem nötigsten Gepäck zur Frankfurter S-Bahn eilte, um den Flug nach Barcelona noch zu erreichen.

Die junge Lufthansa-Mitarbeiterin am Check-in für »Reisende mit Mobilitätseinschränkungen« war mir inzwischen gut bekannt. Schon beim letzten Flug nach Moskau waren mir ihre schrillen, künstlichen Fingernägel aufgefallen. Zugegeben, nicht nur die – sie hatte mir schon damals ausgesprochen gut gefallen, und ich musste noch eine ganze Weile an sie denken, Moskau hin oder her. Wir flirteten, leider nur kurz, denn es parkten noch andere Passagiere hinter mir, aber ich nahm mir fest vor, sie nach meiner Rückkehr aus Spanien zu einem Drink einzuladen.

Reise ins Offene

Ich bin aufgebrochen, um zu spüren, dass ich auf eigenen Füßen stehen kann, auch wenn das nur im übertragenen und nicht mehr im physischen Sinne geht. Natürlich hat sich das Leben für mich seit meinem Unfall von Grund auf verändert, aber nicht unbedingt nur zu meinem Nachteil.

Zu dieser Erkenntnis war es allerdings ein weiter Weg, inzwischen feiere ich aber sogar immer zwei Geburtstage, einen im Sommer und einen im Winter. Im Winter wurde ich tatsächlich geboren, und im Sommer geschah das Ereignis, das mein Leben so umgekrempelt hat.

Ich plane diesen Tag nicht besonders, es rutscht mir im Gespräch manchmal heraus: »Übrigens, heute ist mein 13. Geburtstag.« Als Reaktion ernte ich dann entweder einen ungläubigen Blick, oder mein Gesprächspartner – was sehr häufig passiert – will einfach nur flüchten.

Inzwischen weiß ich, dass meine Art, mit Behinderung umzugehen, nicht in das übliche Schema passt und mein diesbezüglicher schwarzer Humor eher als destruktiv missverstanden wird. Dabei ist es ziemlich einfach: Ich will mir nur die Freude am Leben erhalten. Schließlich hatte ich die nicht immer, ich musste mir das positive Denken in jahrelangem Training mühsam erst wieder aneignen.

Doch es gibt noch einen anderen Aspekt meiner Reise. Es ist so etwas wie die Begleitmelodie meines Lebens seit diesem zweiten Geburtstag: mein Ringen mit mir selbst. Natürlich kämpfe ich längst nicht mehr blindwütig oder mit Zynismus gegen meine Situation an, ich habe gelernt, den Rollstuhl anzunehmen als Teil von mir für vielleicht den Rest meines Lebens. Aber wie kann ich trotzdem noch weiterkommen, wie kann ich eine noch größere Übereinstimmung mit mir selber finden?

Ein Pilgerweg steht für Läuterung, und ein bisschen davon verspreche ich mir von der vor mir liegenden Strecke und Zeit. Ich weiß nicht, wohin mich die Reise führen wird, vielleicht bin ich deshalb so wild entschlossen, alles, was mir begegnen wird, mit allen Poren aufzusaugen und in einem übertragenen Sinn auf mich zu nehmen. Mit Humor, aber auch mit Wut. Mit Stärke, aber auch mit Verzweiflung, möglicherweise. Vielleicht kann ich dabei gelassener werden, das würde ich mir wünschen. Davon habe ich natürlich niemandem erzählt.

An meinem ersten Morgen in Spanien werde ich gleich wieder nass. Die Wolkenfront hat zwölf Stunden länger als ich nach Barcelona gebraucht, aber ich bin entschlossen, optimistisch zu bleiben: Diesmal wird es mir gelingen, das schlechte Wetter zurückzulassen, und das gleich für viele Wochen.

Als Erstes muss ich nach dem kurzen Flug nach Sevilla zu meinem Startpunkt am Rand der Stadt kommen. Es kommt mir gar nicht in den Sinn, ein Taxi zu nehmen. Zum Pilgern gehört Einfachheit und ich finde, diese fängt bei der Wahl des Verkehrsmittels an.

Der Busfahrer und ein weiterer Fahrgast ziehen mich die Stufen des engen Einstiegs hoch. Ich setze mich auf die Sitzbank, mein Rollstuhl blockiert die Hintertür und den Durchgang zu den hinteren Sitzreihen. Vor mir sitzt eine ältere Dame. Jeder neue Fahrgast schlängelt sich an uns vorbei und lächelt der Dame dabei verständnisvoll zu.

In Guillena, einem kleinen Örtchen direkt am Anfang der Vía de la Plata, steige ich aus. Die Sonne steht fast noch im Zenit, es weht ein heißer Wind. Hier will ich meine Pilgerwanderung beginnen.

Historisch gesehen ist die Vía de la Plata ein bedeutsamer Weg zwischen der andalusischen Hauptstadt Sevilla und dem nordspanischen Astorga. Sie zieht sich über mehr als 700 Kilometer in Nord-Süd-Richtung durch die ehemalige römische Provinz Lusitania. Wörtlich übersetzt bedeutet der Name »Silberstraße«. Diese Namensgebung ist jedoch nicht römisch. Die Phönizier im ersten vorchristlichen Jahrtausend sollen den Handelsweg für den Transport von Gold und Zinn verwendet haben, aber eben nicht von Silber. Man vermutet, dass der Weg in vorrömischer Zeit von Schäfern und Jägern benutzt wurde, um den Sommer in der kühleren kastilischen Hochebene und den Winter in der Extremadura zu verbringen.

Der Name »Vía de la Plata« entstand aus der maurischen Bezeichnung »Bal'latta«, was nichts anderes heißt als breiter gepflasterter Weg.

Nach der Eroberung der Iberischen Halbinsel durch die Römer im 2. Jahrhundert pflasterten sie den gesamten Weg und verbreiterten ihn. Städte wie Hispalis (Sevilla), Emerita Augusta (Mérida), Helmantica (Salamanca) oder Caparra wurden gegründet. Dank dieser modernen Infrastruktur konnten die Soldaten schnell vorwärts kommen und gingen aus den Kriegen mit den Asturiern und Kantabriern siegreich hervor. Entlang des Wegs florierte der Handel, die Vía de la Plata war mitentscheidend für eine umfassende Romanisierung des heutigen Spanien und Portugal.

Im Jahr 711 unterwarfen die afrikanischen Mauren die Iberische Halbinsel und nutzten den breiten Transportweg. Im Laufe der Zeit wurde aus Bal'latta Plata, mit dem vorangestellten Vía wird auf den römischen Ursprung hingewiesen.

Die Vía de la Plata blieb über die Jahrhunderte eine wichtige Nord-Süd-Verbindung, bis unter König Philipp V. eine zentralistische Ausrichtung des vorhandenen Straßennetzes umgesetzt wurde. Die Bedeutung der Römerstraße nahm für viele Jahrhunderte ab. Für uns erweist sich diese Bedeutungslosigkeit als Vorteil: vieles blieb unverändert erhalten.

Heute folgt die Nationalstraße N-630 und die in direkter Nähe neu gebaute Autobahn dem gleichen Streckenverlauf. Doch die Jakobusvereine haben dafür gesorgt, dass der Pilger den großen Straßen möglichst fern bleiben kann.

Den ersten gelben Pfeil finde ich an einer Hauswand. Wochen später werde ich Don Blas treffen, den Mann, der diese charakteristischen Markierungen entlang des Jakobswegs gemalt hat. Als ob man als Pilger nicht schon genug zu tragen hätte, nahm er auch noch Farbeimer und Pinsel mit. Aber er ist nicht nur deshalb ein großer Mann.

Ich bin auf dem richtigen Weg, und mehr noch: Ich bin auf dem Weg! Das Gefühl versetzt mich in Hochstimmung. Für diesen Moment habe ich mich in den zurückliegenden sechs Monaten fast jedes Wochenende im Hochtaunus, im Spessart oder im Odenwald die Berge hinaufgequält, ich wollte alles dafür tun, um hier topfit zu sein.

Auf einem ansteigenden, sandigen Feldweg versinken die Räder schon nach kurzer Zeit tief. Ich überlege, ob ich das Kilo Äpfel, das ich mir in Sevilla gekauft habe, wegwerfen soll. Ich könnte die Anstiege dann viel leichter bewältigen, wie ein Heißluftballon, der Ballast abwirft. Andererseits würde mich wahrscheinlich schon bald der Hunger bremsen.

Nach einer Stunde spüre ich, wie sich die erste Blase an der rechten Hand bildet. Dabei habe ich mir die Lederhandschuhe extra in einem Army-Shop besorgt; bleibt nur die Hoffnung, dass die US-Army sonst über eine bessere Ausrüstung verfügt und in ihren Shops lediglich der Ausschuss verhökert wird.

Zwei Radfahrer überholen mich. Rita und Heinz stammen – wie sollte es auch anders sein – ebenfalls aus Deutschland und wollen die Vía de la Plata in zwei Wochen mit ihren Tourenrädern absolvieren. Rita hat die letzten Kilometer die parallelen Reifenspuren gesehen und sich gewundert, welche Radfahrer so gleichmäßig nebeneinander herfahren können.

Die beiden bieten mir ihre Hilfe an, aber wenn mein Wanderführer nicht ganz falsch liegt, habe ich die Anhöhe fast erreicht. Langsam, aber stetig komme ich voran. Wir verabschieden uns bis zu unserem gemeinsamen Etappenziel, der Herberge in Castilblanco de los Arroyos.

Schon die nächste Senke verschluckt die beiden, endlose Stille umhüllt mich. Ich höre das gleichmäßige Rauschen des Windes, der über den sandigen Boden fegt und immer etwas Staub mit sich trägt. Vereinzelt zirpen Grillen. Von dem monotonen Knirschen der Räder aufgeschreckt, fliegt ein kräftiger Vogel auf. Sein harter Flügelschlag klingt wie der Abschlag eines Fußballtorwarts. Er schwingt sich empor und verschwindet schnell in der Ferne.

Der Schatten der Mittagssonne zeigt mir die Wegrichtung – immer nach Norden

Ich fühle mich glücklich und frei, wie ein Kind, das nach einer Zeit langer Eingeschlossenheit endlich wieder draußen spielen kann und die frische Luft in der Lunge ganz neu schmeckt. Ich atme tief ein und aus und horche intensiv in die Natur hinein. Es gibt nichts, das mich ablenkt.

Ich genieße die Stille, aber ich hätte die Reise gern auch in Begleitung angetreten. Meine Freunde und Verwandten zeigten mir allerdings alle einen Vogel. Allein die Vorstellung, über 1000 Kilometer zu Fuß zurückzulegen, noch dazu in Spanien! Das sei doch schon mit dem Auto eine Tortur, meinte ein Bekannter.

Eine Freundin wäre fast mitgewandert, sie arbeitet als Bildtechnikerin fürs Fernsehen. Vielleicht könnten wir sogar eine gemeinsame Dokumentation drehen, hatten wir uns bei ein paar Probewanderungen überlegt, sie in der Rolle als Kamerafrau, Tontechnikerin und Produktionsleiterin, und ich als Hauptdarsteller und Regisseur. Leider verfügte sie als Freiberuflerin nicht über genügend Zeit und Geld. Und ein paar hundert Kilometer der Route zu überspringen, um im Film dann vorzeitig eine authentische Ankunft in Santiago de Compostela zeigen zu können, verbot sich von selbst.

Also sehe ich es positiv, dass ich allein unterwegs bin. Es gibt genügend Dinge, über die ich nachdenken will, und einige heftige Familiengeschichten, die zu verarbeiten ich mir vorgenommen habe. Vor einem halben Jahr ist mein Vater qualvoll gestorben, ich will in Ruhe versuchen, mein Verhältnis zu ihm zu klären.

Grenzen erleben statt Zwei-Wochen-all-inclusive

Der Pfad wird härter und felsiger. Fliegen, die in der Nachmittagsluft Beute suchen, landen auf meinem schweißnassen Gesicht. Ich scheine die einzige Menschenseele weit und breit zu sein und werde gleich von einem Dutzend von ihnen attackiert.

Prompt passiert, was passieren muss. Während ich ein kurzes Gefälle auf beiden Hinterrädern hinunterrausche, verliere ich die Kontrolle und stürze. Meine Aufmerksamkeit war zu sehr darauf gerichtet, die lästigen Fliegen zu verscheuchen. Der auf der Seite liegende Stuhl lässt sich nicht aufrichten, mit Gepäck ist das Gefährt beträchtlich schwieriger zu fassen, es rutscht auf dem losen Untergrund andauernd weg. Ich fluche, so laut ich kann. Irgendwann bekomme ich den Rollstuhl wieder hingestellt und steige ein.

Ob es richtig ist, diesen Weg allein bewältigen zu wollen? Mir fallen die forschenden Blicke einer Freundin ein, die nicht verstehen konnte, warum ich nicht einfach mal einen normalen Erholungsurlaub buchen wollte. Für einen Moment sehe ich mich im warmen Sand liegen und male mir aus, was ich mit sechs Wochen Urlaub sonst hätte machen können …

Die welligen Erhebungen vor mir lassen keinen weiten Blick zu, dennoch ist das Naturerlebnis spektakulär. Das warme Licht der späten Nachmittagssonne strahlt die dünengleichen sandigen Hügel rotgelb an. Karge Stellen liegen neben mit Büschen übersäten Flecken, ab und zu ein Baum. Hätte es geregnet, würde hier alles grün explodieren, aber so steckt die Trockenheit in jedem Ast und jedem Erdkrümel. Die Fliegen sind verschwunden, es ist jetzt noch ruhiger als vorher.

Ich halte an, lege den Kopf in den Nacken und blicke in den Himmel. Nichts regt sich. Es kommt mir leicht vor, in dieser Landschaft glücklich zu sein, die einfach nur zu schlafen scheint – bis zum großen Regen.

Anders als auf meinen Trainingsstrecken in Deutschland werde ich hier nie umkehren müssen, um zum Ausgangspunkt zurückzugelangen. Ab heute will ich nur nach Norden gehen, immer weiter, und mich überraschen lassen, was mich hinter der nächsten Biegung erwartet. Und als ob ich es beschworen hätte: Bald sind es große Steinbrocken, die mir an einer engen, von Felswänden begrenzten Stelle den Weg versperren.

Ich liege mit dem Oberkörper auf den Oberschenkeln und räume sie zur Seite, dann rudere ich mit meinen Händen durch den geschaffenen Durchgang. Es knirscht, Metall reibt an Stein, es ist mühsam.

In diesem Tempo werde ich die Herberge auf gar keinen Fall vor Einbruch der Dunkelheit erreichen. Wenige Schritte weiter liegt eine felsige, zirka 80 Zentimeter hohe Schwelle. In Deutschland würde ich jetzt umkehren und diese Strecke nie wieder bewandern, aber hier ist es zum Umkehren zu spät. Und hatte ich nicht gerade beschlossen, dass es dieses Wort für mich hier gar nicht geben wird?

Was für den Wanderer ein oder zwei große Schritte sind, bedeutet für mich einen aufwändigen Ausstieg. Ich hangle mich vom Rollstuhl heraus und setze mich auf die Schwelle, ziehe den Rollstuhl hoch und setze mich wieder hinein. Das war mir in den dreizehn Jahren, die ich nun mit einer Querschnittslähmung lebe, noch nie widerfahren. So etwas habe ich auch nicht geprobt, denn die Strecken im deutschen Mittelgebirge sind nicht felsig. Hier bleibt mir keine andere Wahl.

Unterwegs auf unbekannter Strecke bekomme ich schon nach kürzester Zeit vor Augen geführt, was es bedeutet, in einem Körper zu leben, der nur einen Teil von Befehlen ausführen kann. Ich fühle mich hilflos und allein und außerdem getestet, ob mein Wille ausreicht, dieses lang ersehnte Abenteuer bestehen zu können.

Lang ersehnt, weil ich mich gern in der freien Natur aufhalte und hier viele Dinge passieren, die ein Zwei-Wochen-all-inclusive-Urlaub in der Dominikanischen Republik nicht zu bieten hat. Hier kann ich Ängste überwinden, Grenzen verschieben und Wunder erleben. Deshalb bin ich hier.

Aber das vor mir liegende Wegstück ist für mich nahezu unpassierbar. Ich bin noch nie ohne Weg mitten durch buschiges Gestrüpp ein steiles Waldstück hochgefahren, dafür ist der Stuhl gar nicht konzipiert. Nach langer, mühseliger Anstrengung habe ich keine Kraft mehr, die friedlichen Gedanken sind längst verschwunden. Ich schreie meine Verzweiflung hinaus, ich hasse diesen Rollstuhl, der mich den Weg durch diese unberührte Stille nicht unbeeinträchtigt gehen lässt. Ich bin an meiner physischen Grenze angelangt.

Als die Sonne fast untergegangen ist, erreiche ich ein Flussbett voller Geröll. Dass im Frühjahr hier vermutlich ein reißender Strom rauscht, kann man jetzt nur erahnen. Wäre die Situation eine andere, würde ich die in warmes Rot getauchte Landschaft lieben und tiefe Dankbarkeit empfinden, diese Schönheit in mich aufnehmen zu dürfen.

Auch diese Stelle ist jedoch unpassierbar, und wieder muss ich aus dem Rollstuhl aussteigen, um ihn über felsige Hindernisse zu zerren. Ich gebe auf, vier Blasen an der rechten Hand, von denen eine bereits aufgeplatzt ist, und vor mir steigt der steinige Weg immer weiter an.

Plötzlich tauchen auf dem Plateau am Ende des Wegs Menschen auf. Ich rufe so laut ich kann und winke um Hilfe.

Zwei vierzehnjährige Jungen kommen den Hang herunter und schieben mich die letzten Meter auf das Plateau hinauf. Auf einmal bin ich von staunenden Kindern umringt. Sie fragen mich alles auf einmal, und ich antworte so gut es mein gebrochenes Spanisch zulässt. Noch nie haben sie hier einen Menschen im Rollstuhl gesehen, erst recht nicht im Dunkeln. Der Vater, ein gut aussehender Mann um die vierzig, kommt mit seinem Auto heran, und sein ältester Sohn reicht mir mit den Worten »hace mucho calor«, eine ganz schöne Hitze, eine riesige Wasserflasche.

Obwohl es schon dämmert, ist es immer noch heiß. Wir laden den Rollstuhl in den Wagen, und der Vater erklärt mir auf der kurzen Fahrt, dass die Trasse ab dem Plateau noch schlechter würde.

An der Pilgerherberge in Castilblanco angekommen, möchte er nichts für seine Hilfe annehmen. Er und sein Sohn laden den Rollstuhl wieder aus und wünschen mir liebevoll lächelnd eine gute Reise und *suerte*, Glück. Sollte ich diese Reise unbeschadet überstehen, dann nur aufgrund von viel Glück, da bin ich mir inzwischen ganz sicher.

Vorsätze

Der Schlafsaal und das Bad befinden sich im ersten Stock und sind für mich nicht zu erreichen. Vier Pilger sind sofort zur Stelle und tragen mich die steile Treppe hinauf. Alle reden gleichzeitig und wollen noch weiter helfen, aber dieser erste Tag hat mich so mitgenommen, dass ich abwinke.

Rita und Heinz haben das einzige Doppelzimmer mit Ehebett in der kostenlosen Herberge ergattert und laden mich zu sich auf die Terrasse ein. Bei Kerzenschein teilen sie mit mir ihren Vorrat an Brot, Wurst, Käse und Wein. Es tut wirklich gut, so umsorgt zu werden. Meinen eigenen Proviant, den ich lose unter meinem Rollstuhl verstaut hatte, hatte ich auf den letzten Kilometern des Wegs verloren, die Äpfel hatte ich da längst schon wütend weggeworfen.

Die beiden können nicht glauben, mich hier zu sehen. Sie waren fest davon ausgegangen, dass ich umgedreht wäre und an einem anderen Ort übernachten würde. Sogar sie mussten auf der ausgewaschenen Strecke mehrfach von ihren Rädern absteigen und schieben.

Rita stellt sehr gezielte und professionelle Fragen zu meiner Situation, ihr medizinischer Hintergrund als Krankengymnastin ist schnell deutlich. »Wie hoch bist du denn gelähmt?«, will sie wissen.

»Ab dem fünften Brustwirbel«, antworte ich und beantworte auch gleich die nahe liegende und immer folgende Frage: »durch einen Motorradunfall.«

Beide ermutigen mich, nicht ans Aufgeben zu denken und im Zweifelsfall Alternativrouten zu suchen, selbst wenn das ab und zu bedeuten sollte, auf der Straße zu bleiben.

Während ich noch zustimmend nicke, habe ich bereits beschlossen, mich nicht an ihren Rat zu halten. Ich mag Straßen nicht, es sei denn, sie sind wirklich unbefahren. Autos sind laut, und ich bin ihnen unterlegen. Wenn ich mich auf Asphalt fortbewege, fokussiere ich mich auf das Ziel, und nicht auf den Weg dorthin. Das dazwischen Liegende erscheint mir nur lästig, sodass ich es so zügig wie möglich überbrücken möchte.

So soll meine Wanderung hier auf keinen Fall aussehen. Der Weg soll das Ziel sein, gerade die lästigen Schritte sind die mit dem größten Lernpotenzial, in diesen Momenten offenbart sich für mich auch der Sinn eines auf Gott fokussierten Lebens. Auf eine Straße auszuweichen würde daher nahezu allem widersprechen, was ich mir mit dieser Reise vorgenommen habe.

Ich möchte die Natur aufsaugen, ich möchte mich spüren. Einige Dinge müssen sich während der Wanderung auch allmählich erst in meinem Kopf frei rütteln, und das passiert mit Sicherheit nicht auf viel befahrenen Straßen. Die Natur ist leise und zart und daher in Harmonie mit meiner inneren Stimme.

Bereits an diesem ersten Tag habe ich diese Übereinstimmung spüren können, oder richtiger: Ich habe sie geahnt, auch wenn der Tag als ganzer nicht so gut war. Ich bin viel zu schnell an meine Kraftreserven gekommen. Aber morgen ist ein neuer Tag!

Der Wecker meiner holländischen Zimmergenossen klingelt gnadenlos um 6.30 Uhr, trotz des Sonntagmorgens, und sofort beginnen alle leise miteinander zu tuscheln. Unfreiwillig lausche ich dem Treiben, noch ganz erschlagen vom gestrigen Tag. Für die Pilger hat der Tag bereits begonnen, obwohl draußen noch tiefe Nacht herrscht.

Um mich herum raschelt es laut. Alles, was im Rucksack auch bei Regen trocken bleiben soll, wird sorgfältig in Plastiktüten eingewickelt.

Weiterschlafen ist unmöglich, der Raum ist mittlerweile vollständig von den Deckenlampen erleuchtet. Mein kurzes »ist schon okay« wurde offensichtlich als Aufforderung zur Festtagsbeleuchtung verstanden.

Ich schaue mir meine Hände an. Die Rechte sieht aus, als ob ich den Keller eines Einfamilienhauses mit einer Schaufel ausgehoben hätte. So hatte ich mir das eigentlich nicht vorgestellt, jedenfalls nicht gleich innerhalb der ersten vierundzwanzig Stunden. Mir fällt ein, dass ich kein strapazierfähiges Pflaster dabei habe, also pinkle ich später, um eine Infektion zu verhindern, in die Handschuhe – der Zweck heiligt bekanntlich die Mittel. Immerhin von der Bundeswehr erprobt und für gut befunden!

Die Frische dieses Morgens tut mir gut, und ich ertappe mich dabei, wie ich schon damit beginne, den Auftakt meiner Reise zu glorifizieren. Die Strecke hat kleine Steigungen und Abfahrten, die ich mit ausgebreiteten Armen hinunterrase, während ich »I believe I can fly« singe. Schön, wenn keiner einen kennt.

Mit der aufsteigenden Sonne erhitzt sich der Asphalt wieder, aus den Hügeln werden Berge und ich kämpfe immer stiller und verbissener gegen sie an. Rita und Heinz überholen mich, die radelnden Pilger starten viel später als die Fußgänger und sind trotzdem früher am Ziel. Sie bieten mir an, mich per SMS vor schlechten Strecken zu warnen, damit der Jakobsweg für mich nicht zur Sackgasse wird.

Ich genieße die weite Landschaft, es gibt nichts, was mich in dieser Meditation stört. Die karge, sonnenverbrannte Gegend reduziert sich in meiner Wahrnehmung zur monotonen Kulisse und mir fällt ein, dass heute in Deutschland ein neuer Bundestag gewählt wird.

Sofort schüttle ich diese Gedanken wieder ab, schließlich möchte ich hier andere, tiefere Themen ausloten und Antworten auf Fragen, die mir auf der Haut brennen, suchen. Was ist meine mir bestimmte Aufgabe im Leben, warum halte ich es so lange in einem Arbeitsumfeld aus, in dem ich so wenig Anerkennung erhalte, warum musste ich mich schon wieder von meiner Freundin trennen, was habe ich auf den bisherigen zwei Wanderungen auf Jakobswegen gefunden?

Mir fällt mein Traum von letzter Nacht ein. Mein Chef erklärt mir, dass ich ohne Rollstuhl schon viel besser ankomme, und fügt augenzwinkernd hinzu, im Bankgeschäft drehe sich schließlich viel ums Aussehen.

Ich kann nicht aufhören, an die Arbeit zu denken, ich fühle mich ihr so schutzlos ausgeliefert, wie ich es hier, allerdings gegenüber der Sonne, auch tatsächlich bin.

»Das klingt ja wirklich spannend, was du so machst.« Ich äffe nach, was ich oft zu hören bekomme, wenn ich von meiner Arbeit erzähle. Dabei spreche ich ungern über sie. Man kann sich nur schlecht davon distanzieren, und hat man es doch einmal geschafft, holen einen die Fragen bald wieder ein. Natürlich ist es auch im positiven Sinne aufregend: Kein Tag gleicht dem anderen, und auch nach vier Jahren kann ich nicht genau vorhersagen, was ich am nächsten Tag bearbeiten werde.

Entsprechend weiß ich auch fast nie, wann ich Feierabend machen kann. Kaum einmal ist das schon um 19 Uhr, 20 Uhr und später ist die Regel, bei einem Arbeitsbeginn um 9 Uhr. »Da muss man sich nur ein bisschen reinknien, dann klappt das schon«, sagt mein Chef, wenn mal so eben eine 100-Seiten-Präsentation für den Vorstand übers Wochenende fertig werden soll. Also knien wir uns im Team am Wochenende in dieses Projekt mit Priorität 1++* rein, normale

Das freundliche SMS-Warnsystem

Projekte haben Priorität 1++, mit weniger wichtigen Projekten beschäftigen wir uns grundsätzlich nicht.

Damit ist jetzt Schluss. Nachdem ich in der Abteilung für Konzernentwicklung einige Jahre an strategischen Unternehmenskäufen und -verkäufen gearbeitet, Vorlagen und Präsentationen für Vorstände und Aufsichtsräte geschrieben und Dienstreisen nach New York, London, Budapest, Moskau und sonst wohin unternommen habe, will ich zukünftig lieber für diejenigen arbeiten, die im Kernpunkt des Interesses stehen: die Kunden. In der Fachabteilung für betriebliche Altersvorsorge (Asset Management) hoffe ich, bald wieder auf dem Boden der Realität zu stehen. Vielleicht wird mir der Glamour des Investmentbanking fehlen, wer weiß. Na und? Ich möchte mehr Freizeit haben. Ich möchte etwas Sinnvolles tun. Altersvorsorge ist sinnvoll.

Dreißig Kilometer liegen hinter mir, die nächste Unterkunft befindet sich in einem zwölf Kilometer entfernten Nest. Es ist noch früh am Nachmittag, und ich könnte leicht weitermachen. Soll ich? Der Schock vom gestrigen Tag ist allerdings noch sehr präsent, also beschließe ich, lieber hier in Almadén de la Plata zu bleiben.

Von einer Bushaltestelle aus überblicke ich die im Tal liegende Ortschaft mit ihren weißen einstöckigen Häusern im mediterranen Stil. Vor manchen Fenstern weht zum Trocknen aufgehängte Wäsche, um diese Uhrzeit ist kaum eine Menschenseele in den Gassen unterwegs. Irgendjemand hat seinen Fernseher zu laut aufgedreht, aber es scheint niemanden zu stören.

Zu Hause gießt mein Nachbar in meiner Abwesenheit meine Blumen auf dem Balkon und leert den Briefkasten. Wahrscheinlich eher aus Langeweile schicke ich ihm eine SMS, was soll in zwei Tagen schon groß passiert sein? Das Handy lasse ich danach auf der kleinen Mauer vor der Haltestelle liegen, während ich mühelos die Straße hinabgleite.

Auf der Wäscheleine vor der Pilgerherberge hängen BHs und Radlerhosen. Da alles ebenerdig ist, stolpere ich direkt in den Schlafsaal, wo zwei junge und sehr hübsche baskische Mädchen in den für diese Unterkünfte typischen Etagenbetten liegen.

Gurutze und Ainitze sind Cousinen aus San Sebastian. Beide haben schon mehrfach längere Radtouren durch Spanien und Portugal gemacht, sie sind wie ich den Camino Francés entlang gepilgert. Während Gurutze still auf ihrem Bett liegt, redet Ainitze sehr laut und läuft pfeifend, breitbeinig und irgendwie maskulin durchs Haus. Ich ärgere mich, dass mein Spanisch so schlecht ist, gern hätte ich mich länger mit ihnen unterhalten, vielleicht rechne ich mir auch eine Chance aus. Obwohl wir uns sehr viel Mühe geben, schläft die Konversation irgendwann ein und ich gehe, um meine verschwitzten und staubigen Kleidungsstücke im Waschbecken auszuwaschen.

Ein hünenhafter Tscheche kommt dazu, der mit seinen schweren Stiefeln, dem T-Shirt in Tarnfarbe und einem Zentner Marschgepäck wie ein Soldat im Manöver wirkt. Fünfzig Kilometer ist er heute gewandert und lächelt trotzdem unaufhörlich, während er in fließendem Spanisch mit den beiden Mädels flirtet.

Später ziehen wir vier gemeinsam los und kaufen in einem kleinen Laden im Ort Lebensmittel und Getränke für unser Abendessen und für den nächsten Tag ein. Auf einmal merke ich, dass mein Handy verschwunden ist, und werde nervös. Keine der gespeicherten Nummern habe ich im Kopf, und ich selbst wäre wochenlang für niemanden mehr erreichbar. Außerdem ist es eingeschaltet.

Hastig erkläre ich den Dreien die Situation und stürme zurück, Stoßgebete aussprechend, dass es noch dort liegen möge, wo ich es zuletzt in der Hand hatte. Einige Jugendliche kommen mir mit ihren Handys entgegen. Ob meins dabei ist? Mein Herz macht einen Sprung, von der Sonne aufgewärmt liegt es wie selbstverständlich noch auf dem Mäuerchen. Ich habe sogar eine SMS bekommen, mein Nachbar gab die Wahlergebnisse durch.

Als ich mich umdrehe, sehe ich, wie Ludek, Ainitze und Gurutze ungefragt hinter mir hergegangen sind und mir beistehen wollen. Nach dem Adrenalinkick verbringen wir den Rest des Abends in der Küche der Herberge. So wünsche ich mir das Pilgern: tagsüber die Stille und Muße zur Reflexion, und abends das lachende Miteinander.

Warum ausgerechnet der Jakobsweg?

Am nächsten Morgen breche ich kurz nach sieben Uhr bei völliger Dunkelheit unter klarem Sternenhimmel auf, es ist noch angenehm kühl und der wunderbare Abend hat mir einen gewaltigen Schub gegeben. Der Weg schlängelt sich stetig bergauf, vorbei an Steineichenhainen, in denen schwarze Schweine frei herumlaufen. Mit einem kleinen Silberstreif am Horizont kündigt sich der Tag in weiter Ferne an, doch nur wenige Augenblicke später ist es taghell, als ob jemand das Licht angeschaltet hätte. Lediglich das gelegentliche Bellen eines Hundes durchbricht die Ruhe.

»Ich bin mit den schwarzen Schweinen auf Segeltörn«, höre ich in Gedanken meinen Vater sich von uns verabschieden, als ich noch zur Schule ging. Heute frage ich mich, ob er jemals schwarze Schweine in natura gesehen hat und würde ihm gern Bilder von diesen Tieren zeigen. Seine »schwarzen Schweine« waren ein Club von Männern, die alle in der Kohlebranche arbeiteten und sich einmal im Jahr trafen, mal mit mehr, mal mit weniger exotischen Zielen. Heute würde ich ihn gern einiges dazu fragen, mit der Zeit wurden diese Treffen dann immer seltener.

Hinter mir höre ich schwere Schritte, und schließlich holt mich Ludek ein. Bergauf ist er schneller als ich, bergab fliege ich an ihm vorbei. »Schwung holen«, rufe ich ihm später übermütig zu, als ich dem nächsten Anstieg entgegenflitze.

Gestern Abend erzählte er, dass er als Kellner an der Costa Brava arbeitet, und jetzt in seinem freien Monat nach Santiago de Compostela wandern möchte. Seine Mutter ist Deutsche und so spricht er etwas deutsch, sein Lieblingswort ist »wunderbar«, den Jakobsweg beschreibt er ironisch als »mein Kampf«.

Nach der Einsamkeit der vergangenen Stunden bin ich glücklich, am späten Vormittag den letzten Ort in Andalusien, El Real de la Jara, zu erreichen. Dank einer längeren Schwungphase habe ich den Tschechen weit zurückgelassen.

In einer Bar führe ich den Gesprächsklassiker, bei dem ich die typi-

Das lachende Miteinander in der Herberge

schen drei Fragen beantworte: »Bist du auf der Vía de la Plata unterwegs? Im Rollstuhl? Allein?« Oft genug endet hier auch das Gespräch, und ich ernte einen verwunderten Blick oder ein Kopfschütteln. Natürlich kann ich verstehen, dass meine Erscheinung die Frage geradezu provoziert: Warum ausgerechnet der Jakobsweg?

Vor zwei Jahren bin ich an Weihnachten aus der Kirche ausgetreten. Trotzdem bin ich Christ. Ich suche und finde Gott seither außerhalb dieser allzu starr gewordenen Organisation, zum Beispiel in der Stille und Weite der Natur. Dort fühle ich mich intensiver als irgendwo sonst mit allem um mich herum und in mir verbunden, das war schon immer so.

Früher habe ich gerudert, ich habe es sogar bis zu einem undankbaren vierten Platz bei den Deutschen Meisterschaften geschafft.

Heute geht es mir nicht mehr um höher, schneller, weiter, sondern eher darum, einen Ort zu haben, an dem ich meinen Erinnerungen – Wie war das noch mal, auf zwei Beinen zu gehen? – und meinen Träumen – Wie wäre das, Arbeit als sinnvoll zu empfinden? – nachspüren kann. Kirchen und Kathedralen engen mich mittlerweile oft ein. Am liebsten habe ich sie heute weit vor mir – als Orientierungspunkte am Horizont.

Deshalb hat mich die Idee des Pilgerns wohl irgendwann finden müssen.

Es war an einem Spätsommerabend, wir kamen gerade aus dem Kino. Plötzlich kündigte meine Freundin Karola an: »Ich zeige dir jetzt mal was«, und schwang sich aufs Fahrrad. Ich hielt mich an ihrem Gepäckträger fest, und sie zog mich in rasanter Fahrt das kurze Stück vom Rossmarkt zur Leonardskirche direkt am Main.

Hier stehen zwei lebensgroße Bronzestatuen mit Muscheln und Pilgerstab, Jakobspilger, wie Karola verkündete. Genau davor stoppte sie. »Der Jakobsweg führt durch Frankfurt und endet im spanischen Santiago de Compostela«, erklärte sie mir, als sie meinen ratlosen Gesichtsausdruck bemerkte.

Bei mir ratterten die üblichen Klischees los: Klosterromantik, tiefe Gespräche, Selbsterkenntnis, und vor allem viel Bewegung in der freien Natur. Die Idee, aus eigener Kraft voranzukommen und für eine Weile sehr einfach zu leben, faszinierte mich sofort. Gerade hatte ich in einem Australienurlaub mehr Zeit in Autos und Flugzeugen als im Freien verbracht. Ich kam zwar erholt wieder, glücklich darüber, endlich einmal diesen Teil der Erde erlebt und Freunde besucht zu haben, aber es blieb nichts dauerhaft zurück. Schon wenige Tage nach meiner Rückkehr verblassten die Eindrücke, nur die nachträglichen Abbuchungen von meinem Konto riefen mir diese Wochen in Erinnerung.

Kurz nach diesem kleinen Ausflug in einer Spätsommernacht habe ich dann wie so viele »Auf dem Jakobsweg« von Paulo Coelho gelesen. Nachdem ich das Buch schon fast wieder vom Nachttisch geräumt hatte, um Weihnachten 2002 herum, fasste ich den Entschluss, eine erste Wanderung auf dem populären Camino Francés zu wagen, gemeinsam mit meiner Freundin Lydia. Damals waren wir gerade ein Paar geworden.

Im August des darauf folgenden Jahres pilgerten wir in 24 Tagen auf dem Camino Francés von den französischen Pyrenäen aus nach Santiago, den Hauptweg aller klassischen Jakobswege. Ein Jahr später machte ich mich dann allein auf die Grande Route 65, 550 Kilometer durch Frankreich. Der französische Jakobsweg führt von Le-Puy-en-Velay, südlich von Lyon, nach St.-Jean-Pied-de-Port unmittelbar vor der spanischen Grenze. Während auf dem Camino Francés vor allem jüngere Menschen wandern, die meisten von ihnen aus aller Herren Länder kommend, bevölkern den GR 65 überwiegend Franzosen über 50 Jahre. Für sie steht das Naturerlebnis im Vordergrund, ein gutes Essen und gut ausgestattete Übernachtungshäuser gehören bei dieser Art, sich in der schönen Landschaft zu ergehen, natürlich fest dazu. Auf dem Camino Francés ist es dagegen eher das klassische Motiv des Pilgerns, das die meisten führt: die Suche nach Seelenheil, die Suche nach Gott.

Heute weiß ich: Wenn einen erst einmal das Pilgern gepackt hat, fällt es schwer, davon loszukommen, deswegen machen sich so viele auch immer wieder auf den Weg.

Teilhaben, ein Geschenk

Nach dem Ende der Rast in dem Städtchen, das für seine Zubereitung von Schweinefleisch mit grünen Linsen bekannt ist, befinde ich mich nach wenigen Metern wieder auf einer holprigen Piste in vollkommener Einsamkeit. Die mit Flüssigkeit gefüllten Blasen an meiner Hand schmatzen, als ich bei dem kleinen Anstieg etwas fester zugreife.

Warum kommen die Anstiege eigentlich immer nach einer Pause, wenn man mit vollem Bauch nicht gerade auf Höchstleistungen Lust hat, wundere ich mich. Am liebsten hätte ich jetzt eine Brücke zwischen zwei Erhebungen vor mir.

Wenn man zu viel Zeit hat, hängt man den schrulligsten Ideen nach. Man kann sie nicht einfach abschütteln, sie kehren immer wie-

Mit Jakobsmuschel und Polizeiweste – gleich doppelt beschützt

der zurück, mögen sie auch noch so banal sein. Ich male mir eine wacklige Hängebrücke im südamerikanischen Urwald aus, mit schrillem Affengeschrei in tropischer Schwüle. Fahre ich vielleicht schon zu lange durch zu große Hitze, und meine Gedanken verwirren sich?

Anstatt auf eine Brücke zu, führt der Weg abwärts an einer Burgruine vorbei. Sie wurde hier an der Grenze zur Extremadura im 14. Jahrhundert zum Schutz der Pilger errichtet, ihr früherer Glanz ist längst erloschen. Heute steht sie verloren da, eingezäunt auf einer grünen Weidewiese.

Die Extremadura ist so groß wie die Schweiz und die ärmste Region Spaniens. Eine Million Menschen leben hier, und fast alle ausschließlich von der Landwirtschaft. Trotz der hohen Temperaturen und der Trockenheit ist sie ein riesiges Getreide- und Weinanbaugebiet und verfügt über einen bemerkenswerten Wasserreichtum. Eine sich ins Unendliche erstreckende Hochebene, lediglich von ein paar Höhenzügen unterbrochen – wie für mich gemacht. Der harte, trockene Untergrund lässt die Räder fast wie von allein rollen.

Vergessen ist die Zerreißprobe des ersten Tages, es ist warm und das noch zwanzig Kilometer entfernte Etappenziel habe ich in Gedanken schon so gut wie erreicht. Ich will nicht wahrhaben, wie das wellige Auf und Ab beschwerlicher wird und ich langsamer und langsamer vorankomme. Das Glücksgefühl von grenzenloser Freiheit und unbegrenzten Möglichkeiten ist zu stark. Im Rollstuhl auf dem Jakobsweg – na und?

Die Räder versacken schon zehn Zentimeter tief im Sand, meine Handgelenke schmerzen unter der Anstrengung. Wie aus dem Nichts erscheint in dieser Einöde ein Bauarbeiter mit seinem Jeep und bietet mir an, mich mitzunehmen. Ich winke ab in der festen Überzeugung, dass es bald wieder besser gehen wird, und packe noch fester in die Greifreifen, um mich zentimeterweise voranzuschieben. Kopfschüttelnd fährt er weg. Bald überkommen mich starke Zweifel, ob die Entscheidung richtig war, laut Höhenprofil geht es bis Monesterio schließlich noch einige hundert Höhenmeter bergauf. Die Räder pflügen sich immer tiefer in den Sand, und ich wünsche mir den Bauarbeiter zurück. Auf diese Weise komme ich niemals an, nirgends.

»Bezwinger des Jakobswegs« nannte mich ein Arbeitskollege einmal ironisch. Aber diesen Weg kann man ebenso wenig bezwingen wie sich selbst, man muss sich öffnen für die Lösungen, die sich anbieten, reine Ego-Attacken genügen als Brennstoff für über 1000 Kilometer nicht im Entferntesten.

Ich habe Glück: Der Spanier kehrt zurück. Auf der kurzen Fahrt bis zur Landstraße überholen wir Ludek und bieten ihm die Mitfahrt an, aber er winkt ab: »Ich habe zwei gesunde Beine.«

Von zwei Polizisten in ihrem Polizeiwagen bekomme ich auf der stark ansteigenden Nationalstraße im Anschluss sogar noch Geleit – und das Gefühl, ein Staatsgast zu sein. Ein vorbeifahrender Spanier lehnt sich aus dem Fenster und macht lachend Fotos von dem ungewöhnlichen Konvoi, bevor er weiterfährt. Schade, ich hätte gern einen Abzug gehabt.

Zum Abschied schenken mir die Polizisten eine Polizeiweste mit dem Aufdruck Guardia Civil Traffico. Mit diesem offiziellen Kleidungsstück fühle ich mich sicherer, denn, so rede ich mir ein, die Spanier werden schließlich nicht ihre eigene Polizei umfahren. Außerdem bilde ich mir ein, dass der von den Autos eingehaltene Abstand dadurch etwas größer wird.

Plötzlich steht der Fotograf doch noch vor mir und stellt sich als Reporter des lokalen Radiosenders vor. Er möchte ein kurzes Interview mit mir machen. Im Tausch dafür verspricht er, mir die Fotos per E-Mail zu senden.

Das Teilhaben wollen von außenstehenden Personen an dieser nicht alltäglichen Reise baut mich wieder auf. Auf diese Weise kann ich geben und fühle mich dabei noch reich beschenkt.

Im Quartier des Roten Kreuzes in Monesterio finde ich im Gästebuch eine Botschaft von Rita und Heinz. »Lieber Felix, Monesterio wurde via Landstraße erreicht. Die Landschaft ist herrlich und wir kommen sehr gut voran. Wir haben hier erst mal sauber gemacht, vielleicht kannst du es ja genießen.«

Wie schön, diese fast mittelalterliche Form der Kommunikation, Nachrichten für Weggefährten an gemeinsamen Rastpunkten zu hinterlassen. Dieser kleine Austausch, und mehr noch die Tatsache, dass die beiden an mich gedacht haben, freut mich sehr.

Während ich meine Kleidung inklusive neuer Polizeiweste im Waschbecken bearbeite, steht plötzlich eine Sinti neben mir und erschreckt mich fast zu Tode. »Tienes dinero?«, bettelt sie mich mit funkelnden Augen an. Ich bin mir nicht sicher, wer von uns beiden besser gekleidet ist und erkläre ihr, ich sei Pilger und könne ihr nur etwas von meinem Essen anbieten. Sie greift sich die hingehaltene Tüte mit Toastbrot und verschwindet so schnell, wie sie durch die unverschlossene Tür zu mir hereingekommen war. Ich bin froh, dass ich hier geblieben bin, statt Ludek zum Einkauf zu begleiten.

Am Abend trinke ich allein eine Flasche Rotwein, was ich am nächsten Morgen heftig bereue. Ludek will bis Santiago gar keinen Alkohol trinken, er hat sich vorgenommen, sämtliche Eindrücke ungetrübt wahrzunehmen. Irgendetwas in mir scheint der bevorstehenden intensiven Zeit noch einmal entfliehen zu wollen …

Die neuen Anstiege fallen mir nach einer nicht wirklich erholsamen Nacht ziemlich schwer. »Es un gato, puta gato«, riss mich Ludek aus dem Schlaf. Ich sah nur schemenhaft, wie etwas Schwarzes durchs Zimmer huschte und durch das offene Fenster in den Hof sprang. Danach konnte ich nicht mehr einschlafen. Ludek thronte über mir auf dem nebenan stehenden Etagenbett und rieb sich die Augen, während ich damit begann, wieder einmal meinen Rollstuhl zu bepacken.

Ich hasse das Packen, zu viel Ausrüstung muss dabei in eine viel zu kleine Tasche gestopft werden, dabei wiegt die gesamte Ausrüstung gerade einmal neun Kilogramm. Jeder Gegenstand für die geplante Reise hatte bei mir zu Hause einzeln auf der Küchenwaage gelegen, mehr als elf Kilogramm wollte ich auf keinen Fall durch die Landschaft und die Berge hochschieben – inklusive Wasserflasche und Proviant wohlgemerkt. Leichte Funktionskleidung ersetzte die Jeans, das Regencape die Jacke, auch die Unterhaltungslektüre schaffte den Sprung über die Küchenwaage nicht. Das kleine deutsch-spanische Wörterbuch, der Wanderführer und das Moleskine-Notizbuch brachten schon 600 Gramm auf die Waage. Das Werkzeug und die Ersatzteile wogen richtig schwer, ich wollte bei den Spezialteilen kein Risiko eingehen und in der spanischen Pampa, wo es nicht einmal Handyempfang gibt, womöglich auf Lieferungen aus Deutschland warten müssen. Ein kleines Ersatzvorderrad, Kugellager und alle Arten von Schrauben mussten daher mitgenommen werden. Hinzu kamen Flickzeug, Verbandszeug, der Schlafsack, und schon war die umfunktionierte Radtasche mehr als voll.

Nach dem Einpacken der Ausrüstung, das mich jedes Mal wieder anstrengt, folgt die allmorgendliche Befestigung der Radtasche am Rollstuhl. Das ist die reinste Tortur für mich. Die Tasche wird an sieben Befestigungspunkten mit Klickverschlüssen am Rahmen des Rollstuhls montiert, wobei sich vier der Punkte nahe den Hinterrädern befinden und sich nur von der Außenseite greifen lassen, wenn man durch die Speichen fasst. Eine akrobatische Aktion. Mittlerweile habe ich jedoch Übung und wirble den Stuhl Pirouetten drehend herum, um an die Befestigungspunkte zu kommen. Ein leerer Stuhl, der tanzt. Egal wie sehr ich mich beeile, die Aktion dauert immer über fünf Minuten, je nach Sitzgelegenheit, von der aus ich das Gefährt bearbeite.

Sind es die 37 Kilometer des gestrigen Tages, die mir in den Knochen stecken, weshalb es mir wie eine Ewigkeit vorkommt, bis ich im

Der Weg ist das Ziel

Morgengrauen, natürlich mit der Polizeiweste bekleidet, die Straße erreiche, die zum Ort hinausführt? Auf alle Fälle geht es jetzt erst mal richtig bergauf.

Absolute Stille. Wie ein Teller breitet sich die Hochebene aus. Der harte Feldweg lässt mich wie in Trance vorankommen, die Bewegung ist eher mechanisch. Ab und zu passiere ich ein Weidegatter, Tiere sind nicht zu sehen. Ein Weidetor steht an einer furchigen Steigung, ich habe Glück, es ist geöffnet, und ich durchfahre es mit Schwung.

Schon seit Stunden bin ich absolut allein. Ich bin so glücklich, diesen Weg ungestört genießen zu können und umherzuschauen, ohne auf etwas fokussiert zu sein. Nichts Bestimmtes wird von mir gefordert, weder Aufmerksamkeit, noch Dankbarkeit oder Anstrengung, ich darf einfach nur da sein und mit offenen Augen alles in mich aufnehmen. Kleinigkeiten wie eine unscheinbare Blume am Wegesrand, die der Trockenheit erfolgreich trotzt, werden in meiner Wahrnehmung groß, und im nächsten Augenblick habe ich vergessen, was ich im Vorangegangenen gedacht oder gefühlt habe. Eine Reise nach innen findet statt, es ist, als ob sich Schleier lichten würden. Ich bin bei mir angekommen.

Dass ich etwas wage, was objektiv fast unmöglich erscheint, berauscht mich geradezu. Wie oft hatte ich selbst Zweifel, ob ich es schaffen würde. Jetzt läuft es so leicht, als ob der Weg auf einer asphaltierten flachen Uferpromenade entlang führen würde!

In Fuente de Cantos, der Geburtsstadt des Barockmalers Francisco de Zurbarán, fliehe ich vor der Hitze in eine Herberge, die gleichzeitig Museum ist. Vor Erschöpfung schlafe ich auf der Couch in der Empfangshalle beinahe ein, doch der Herbergsvater fordert mich auf, in das im gleichen Gebäude befindliche Restaurant weiterzugehen. Er scheint nicht einsehen zu wollen, dass ich mich als staubbedeckter Pilger auf seiner Couch herumlümmle.

Magdalena, die Köchin, serviert mir das klassische 3-Gänge-Menü, bestehend aus passierter Tomatensuppe, Hackbällchen mit den typischen fettigen Pommes frites und Kuchen. Dazu nehme ich Elektrolyte in Form von alkoholfreiem Bier zu mir, schließlich möchte ich noch weiter.

Magdalena kommt aus Sevilla, sie lebt schon seit zwanzig Jahren in Fuente de Cantos. Genau wie viele der Gäste liebt sie die Stille hier sehr. Um diese Jahreszeit ist es besonders ruhig, nur eine Handvoll Gäste kommen pro Nacht, Pilger kaum. Das ehemalige Kloster ist erst kürzlich vollständig renoviert worden, wobei auch an rollstuhlgerechte Einrichtungen gedacht wurde.

Für mich bleibt es eine Art russisches Roulette, diese Häuser zu finden, denn mein Wanderführer macht dazu keine Angaben. Die Pilger, die diesen Weg gegangen waren und mit denen ich im Vorfeld gesprochen hatte, rieten mir einhellig von der Idee, hier zu wandern, ab. Vermutlich brannten zu Hause jetzt einige Kerzen für mich.

Schlafsack, Reiseführer und Erinnerungen

Den Hut tief ins Gesicht gezogen bin ich mir nicht sicher, das Richtige zu tun, als ich am späten Nachmittag weiterziehe. Wie so oft, wenn ich nicht wirklich weiter möchte und trotzdem losgehe, verlaufe ich mich und gehe in die entgegengesetzte Richtung, einmal um die ganze Stadt herum.

Eine halbe Stunde lang frage ich mich in der Gluthitze, ob ich nicht lieber hier bleiben sollte. Ich gehe weiter. Ist das zu waghalsig, fordere ich mein Glück zu sehr heraus?

Ein kleiner Junge ist mit seinem Fahrrad auf der Schotterstraße unterwegs, schnell biegt er vor mir zu einem Gehöft ab.

Ab jetzt bin ich allein, sieben Kilometer liegen vor mir, links und rechts befinden sich Felder, ab und zu entfernt eine Scheune und Hundegekläffe. Die Vorderräder pflügen durch die Steine, ich wirbele Staub auf. Das Ruckeln dürfte für das Material ebenso anstrengend sein wie für mich, ich fahre auf den Hinterrädern, die Vorderräder flattern in der Luft. Ausbalancieren, antreiben, rollen, ausbalancieren, immer im Rhythmus, konzentriert auf die wenigen Meter vor mir.

In Calzadilla de los Barros erhält der Pilger im Rathaus den Schlüssel für das etwas außerhalb gelegene Landhaus – aber erst nach der Siesta. Über eine weitere Schotterpiste gelangt man zu dem abgelegenen Refugio, wo es jedoch keine Lebensmittel zu kaufen und keine Bar gibt. Also noch einmal zurück. In dem Lebensmittelgeschäft erzählt mir der Besitzer von Ainitze und Gurutze, die vor zwei Tagen hier vorbeigefahren sind.

Ich bin allein mit Ludek in dem toskanisch anmutenden Anwesen, in dem bequem fünfzig Menschen übernachten könnten. Ein Arbeitskollege hat mir eine Nachricht auf meiner Mailbox hinterlassen, wie ferngesteuert rufe ich zurück und diskutiere Dinge, die hier für mich überhaupt keine Bedeutung haben, während mein Blick über die weite Landschaft schweift. Er wünscht mir noch einen schönen Urlaub, ich glaube, ihm ist nicht bewusst, dass ich hier keine Erholungsreise unternehme.

Dennoch kann ich mir nicht vorstellen, glücklicher zu sein als hier. Ein Pilger erklärte mir einmal, er könne drei Jahre auf diese Weise verbringen, und rechnete mir vor, dass dafür 20 000 Euro ausreichen würden. Stimmt, es ist schwierig, auf dem Jakobsweg mehr als zwanzig Euro pro Tag auszugeben. Wie sich das Bewusstsein wohl verändern würde, wäre man auf diese einfache Art über einen so langen Zeitraum unterwegs?

Nachts bricht der Reißverschluss-Zipper des alten Schlafsackes in zwei Teile und macht aus dem Mumienschlafsack eine Steppdecke. Hier in der Hitze der Extremadura ist das angenehm, aber wie wird das im kalten Galicien 500 Kilometer weiter nördlich sein? Ich habe einen Ersatzreißverschluss eingepackt, den ich eigentlich schon in Frankfurt noch hatte einnähen lassen wollen, mein griechischer Schneider hatte sich jedoch vehement geweigert. »Besser, du kaufst dir einen neuen Schlafsack!« Ich wollte aber keinen neuen, schließlich hatte mich dieses gute Stück schon 1300 Kilometer weit auf anderen Jakobspfaden begleitet und warm gehalten.

Hier in Spanien würde ich schon einen dem Alten aufgeschlossenen Schneider finden, und so schlief ich zuversichtlich ein, den Schlafsack wie einen Mantel um mich gewickelt.

Wieder ist es stockfinster, als ich morgens aufbreche. Schon oft hörte ich die Bemerkung, dass es unmittelbar vor Sonnenaufgang am dunkelsten sei, wenn man dem Nachbarn die Zeitung aus dem Briefkasten angeln wollte, sei das der beste Zeitpunkt. In der Einsamkeit erzähle ich mir selbst solche Witze, um mich aufzuheitern. Meistens gelingt es, einen besseren Comedian habe ich sowieso nicht zur Hand.

Der volle Mond taucht den schotternen Feldweg in ein fahles Licht und übertüncht jede Unebenheit. Oft rumpelt mein Vorderrad in irgendein Loch, gelegentlich schlagen aufgewirbelte Steine gegen das Metall. Peng. Die Wegmarkierung ist nicht auszumachen, aber es ist einfach, ich folge meinem Kompass, schließlich geht es immer nach Norden. Rechts von mir geht die Sonne auf.

Mal mehr mal weniger diskrete Wegmarkierungen: Ein kleiner Pfeil, ein großer Klotz

Der Wanderführer, meine Dauerlektüre und mein ständiger Begleiter, warnt vor einem Bach, der ganzjährig Wasser führt. Bald darauf versperrt mir der breite Bach prompt den Weg. Wie jemand, der zögerlich zuerst nur eine Zehe ins Wasser steckt, um die Temperatur zu fühlen, sitze ich am schlammigen Ufer. Zwei Wanderstöcke stecken vor mir im Wasser.

Ich habe keine Wahl. Hier umzudrehen würde einen halben Tag Umweg bedeuten, direkt vor mir, hinter dem Bach, liegt laut Wegbeschreibung eine breite, ebene Piste. Zentimeter für Zentimeter bewege ich mich vorwärts, während ich im schmatzenden Schlamm versinke. Der Rucksack wird nass und schmutzig, keuchend vor Anstrengung stoppe ich in der Mitte des Bachs und frage mich, was eigentlich passiert, wenn ich stecken bleibe. Ich habe keinen Menschen weit und breit gesehen. Was sollte ich am Telefon durchgeben? Dass ich mich auf einem namenlosen Feldweg sechs Kilometer vor einem Dorf, dessen Namen ich kaum verständlich ausspreche, befinde? Solche Momente bringen mich immer wieder schnell von der famosen Vorstellung ab, als erster Rollstuhlfahrer zum Beispiel den Amazonasdschungel durchqueren zu wollen.

Irgendwie tragen mich die Engel zum anderen Ufer. Danke, Gott, murmle ich und genieße die breite Piste.

Laute Techno-Musik empfängt mich in der Cafeteria José am Plaza de España des 3000-Seelen-Örtchens Puebla de Sancho Pérez. Ist doch gar nicht so schwer auszusprechen! In den letzten fünf Stunden war das Rauschen des Windes das einzig Laute, das ich vernommen habe, der Kontrast zu hier hätte nicht krasser ausfallen können. Ich beginne zu träumen und stelle mir vor, Wodka Redbull anstelle des alkoholfreien Bieres zu trinken, die Pilgerrobe gegen ein schrilles Club-Outfit einzutauschen und mich unter die Diskokugel eines Clubs zu bugsieren.

Ich muss an Guido denken, mit dem ich so viele Male in Diskotheken war. Wir liebten tanzbare Musik, ursprünglich hörten wir nur Rock, aber auch die hämmernden Techno-Beats zogen uns in ihren Bann. Das war nach der Rückkehr von meinem Studienaufenthalt in

Breite Wege

Amerika, eine unruhige, oft genug besinnungslose Zeit. Wie oft hat er mich hilfsbereit Stufen hochgezogen und jede Menge Kommentare abfangen müssen. »Hey, dein Freund ist mir schon zweimal über den Fuß gefahren«, beschwerten sich manchmal Diskobesucher bei ihm. »Er hat kein Gefühl im Reifen«, lautete dann seine Standardantwort, »vielleicht redest du selbst mit ihm.«

Der Barkeeper reißt mich aus meinen Gedanken, indem er eine CD vor mich hinlegt. »DJ Tiesto-Session« steht darauf, also genau die Musik, die wir gerade gehört hatten. Irgendwie muss er bemerkt haben, dass ich voll auf die Musik abfuhr, und hat sie mir gebrannt. Er kann nicht ahnen, dass ich sie in den nächsten Wochen nicht abspielen kann. Umso größer wird meine Überraschung sein, wenn ich sie später bei mir zu Hause hören werde.

Ausgeruht und innerlich gestärkt gehe ich an der Kirche Santa Lucía vorbei aus der Stadt hinaus. Egal, wie klein ein Ort ist, eine Kirche steht in jedem Dorf, und der Pilgerweg führt zwangsläufig daran vorbei.

Ich folge den gelben Pfeilen an Bahngleisen entlang zu einem Abstellbahnhof. Ein einsamer Lokführer ruft mir gestikulierend im Vorbeifahren etwas zu, aber der Lärm der Maschine ist zu groß. Schön ist diese Wegstrecke bestimmt nicht, allenfalls interessant, obwohl sie sich nicht sonderlich von einem Rangierbahnhof in Deutschland unterscheidet. Geruch von altem Schmieröl, rostigem Metall und frisch gesägtem Holz vermengt sich vor einer postindustriellen Hochofenlandschaft.

Das hohe Tor, an das ich gelange, ist verschlossen, das Gelände um mich herum nun eingezäunt. Die Pfeile zeigen aber eindeutig durch dieses Tor hindurch, hinaus ins Freie. Was tun? Ich rüttle heftig an den schweren Stäben. Niemand kommt, und der schwere Eisenriegel will auch nicht brechen. Andere Pilger würden das Hindernis vielleicht überklettern, und ich ärgere mich, meine Durchschnittsgeschwindigkeit nie verlässlich planen zu können. Ein verschlossenes Tor, eine hohe Stufe, ein schlammiger Bach kosten mich Stunden. Allenfalls auf einer asphaltierten Straße kann ich etwa sieben Kilometer pro Stunde veranschlagen. Aber in der vergangenen halben Stunde waren es null, und vor mir liegt noch eine stramme Etappe.

Endlich kommt ein Bahnangestellter, der mir einen verwinkelten Weg über Glasscherben und Gleise zu einem Nebenausgang zeigt. Ich bin frei. Bisher war mir das Gefühl, eingeschlossen zu sein, auf dieser Reise unbekannt.

Zafra, eine der ältesten und traditionsreichsten Städte der Extremadura, liegt während der Siesta im Dornröschenschlaf. Ich bin versucht, für heute Schluss zu machen und schon hier in die Herberge zu gehen. Der Wanderführer warnt vor den kommenden Kilometern, die »zuerst leicht und bald stärker ansteigend« auf einen kleinen Bergrücken führen.

Das alltägliche Leben im Zeitraffer

Manchmal verstehe ich selber nicht, was mich antreibt. Die Frage nach dem Warum beantworte ich oft mit dem Zitat »There's a hunger still unsatisfied« von Pink Floyd. Eine tiefe Sehnsucht nach intensivem Er-leben brennt in mir, eine »lust for life«, wie Iggy Pop es nennt. Ich fühle mich wie eine römische Kerze, die an beiden Enden lodernd brennt. Diesen zehrenden Hunger und den ewigen Durst kann ich auf dem Jakobsweg stillen.

Bei meiner ersten Wanderung auf dem Camino Francés habe ich Bernhard kennengelernt, der schon seit sechs Wochen unterwegs war. Er hatte in der Schweiz seinen 2000 Kilometer langen Marsch nach Santiago begonnen und mir unter anderem von dem grandiosen Erlebnis des GR 65 berichtet.

Bernhard sah mit seiner hageren Gestalt, dem dichten weißen Bart und langen schlohweißen Haaren aus wie Gandalf. Furchige, lederige Haut und blitzende blaue Augen. Eine Ehrfurcht einflößende Erscheinung, wenn er dastand mit seinem Pilgerstab und nichts sagte. Er hatte als Projektmanager für Siemens 30 Jahre im Ausland verbracht. Seine Geschichte habe ich auf meinen weiteren Jakobswegen mit mir getragen, vielleicht war es seine Offenheit, wodurch wir Freunde wurden.

Er war mit zwei Handys unterwegs, mit dem einen telefonierte er mit seiner Frau, und mit dem anderen mit seiner über 30 Jahre jüngeren Freundin aus Taiwan. Die Entscheidung zwischen beiden fiel ihm schwer. Obwohl er die Jüngere liebte, wäre er am liebsten ungebunden gewesen, bei seiner Frau blieb er nur aus reinem Pflichtbewusstsein. Doch die Taiwanesin war nur wegen ihm nach Deutschland gezogen. Nun suchte er eine Antwort auf viele Fragen, unter anderem, mit wem er zusammenleben wollte.

»Manchmal verlor ich in Frankreich den Abzweig, dann ging ich einfach meinen eigenen Weg. Die Richtung kannte ich ja, und was bringt es, sich zwanghaft an Routen zu halten, das haben Pilger früher auch nicht gemacht. Ich ging an einer Landstraße entlang. Noch am

Tag zuvor passierten hier stundenlang im Minutenrhythmus schwere Lastkraftwagen und hatten mir Staub und Abgase ins Gesicht geblasen. Ich spürte eine tiefe, zermürbende Sinnlosigkeit. Im Rückblick machten viele meiner Entscheidungen keinen Sinn, und ich fand trotz dem tagelangen einsamen Wandern keinen Ausweg. Mein Entschluss stand fest. Ich erklärte Gott, warum ich nicht mehr könne und dass ich beim nächsten LKW, den ich hinter mir höre, einen Schritt nach links machen werde. Den ganzen Morgen kam kein Einziger.«

Am Ende der Reise empfing ihn seine asiatische Freundin. Da warf er beide Handys einfach weg.

Jeder Pilger hat sich aus einer ureigenen Motivation heraus aufgemacht, die sehr tiefe Ursachen hat und schon mit dem ersten Schritt viele neue Erkenntnisse nach sich zieht. Mit diesem ersten Schritt hat er bereits fünfzig Prozent der Arbeit geleistet, er hat sich für einen längeren Zeitraum aus seinem Alltag gelöst, hat trainiert und sich mental auf Strapazen vorbereitet.

Wie im Zeitraffer steht die Wanderschaft für das alltägliche Leben. Sie ist nicht wirklich planbar, nur das Ziel steht fest, der Weg und die Erfahrungen und der Umgang damit nicht. Mit manchen Weggefährten geht man ein Stück gemeinsam und trennt sich wieder. Sei es nur, weil sie ein anderes Tempo haben, einen Tag Pause machen oder sich verletzen. Die geplanten Etappenziele werden oft erreicht, manchmal aber auch nicht. Meist sind es die ungeplanten Aufenthalte, die als besonders intensiv empfunden werden und im Gedächtnis haften bleiben. Gerade an diesen Orten ist es wichtig, zu verweilen und etwas zu erkennen, was den nächsten Schritt ermöglicht. Irrwege gibt es in dieser Perspektive nicht, Umwege schon, und jeder hält eine Antwort bereit.

Ludek – ich werde den Knaben nicht los, aber was soll er erst denken – war schon seit dem frühen Nachmittag in der Herberge in Villafranca de los Barros. Ich hatte nicht im Traum damit gerechnet, auf dieser Strecke so wenigen Menschen zu begegnen. Er fragt mich: »Haben dir meine Wanderstöcke bei der Überquerung des Bachs geholfen?« Er macht die Bewegung eines Skilangläufers, der sich mit den Armen abdrückt, und lächelt smart bei der Vorstellung. Nach dem langen, heißen Tag fühle ich mich zu ausgezehrt, um ihm lang zu erklären, dass ich nicht mit dem Stuhl verkettet bin und ich mich einfach aus dem Stuhl herausgehebelt hätte. Ich danke ihm trotzdem im Stillen, weniger für die Tat als für die Gedanken.

Wo ich auch bin, stoße ich auf das austrainierte Kraftpaket, dem alles möglich ist. Er ist nett und hilfsbereit, und unbewusst fühle ich mich in seiner Gegenwart sicher. Er hätte genug Power, mich die Stufen des Eiffelturms hinaufzutragen – und wahrscheinlich würde er es sogar tun. Etagenbetten, die auseinandergenommen werden müssen, weil ich mit dem Kopf an den Rost des über mir befindlichen Bettes stoße und mich darin nur umständlich bewegen kann, bedeuten für ihn keinerlei Arbeit. Wie eine Fahne wirbelt er das massive Metallgestell durch den Raum und stellt es irgendwo in die Ecke. »De nada«, gern geschehen, ist alles, was er auf meinen Dank erwidert. Viel zu sagen haben wir uns leider nicht, schade. Nicht dass ich die Pilgerkarawanen von 50 oder mehr Menschen auf dem Camino Francés herbeisehne, aber tagelang die gleichen Sprüche stellen nicht den Tiefgang des gegenseitigen Austausches dar, den ich mir gewünscht hatte.

Wir sind die einzigen Gäste in dieser Herberge, die erst vor zwei Jahren aus einer ehemaligen Ölmühle entstanden ist. Im Erdgeschoss beziehe ich mein eigenes Zimmer, sogar frische Handtücher liegen bereit. Wenn mehr los wäre, müsste ich das Zimmer mit noch fünf weiteren Personen teilen. Der viele Platz ist ein wahrer Luxus, endlich einmal muss ich die mir verhassten leichten Funktionshandtücher aus Polyester nicht aus den Tiefen des Rucksacks kramen. Die Handtücher sind zwar leicht, saugfähig und trocknen schnell, aber das Gefühl auf der Haut ist gerade so, als ob man sich mit einer Bananenschale abreiben würde.

Der fünfjährige Sohn der Herbergseltern fährt mit einer spanischen Version eines Puky-Kinderfahrrads durch den Speisesaal, während Ludek und ich schweigend essen. Auf dem Fernseher zeigt die Wetterkarte Sonne für ganz Spanien. »Todo el sol«, bemerkt Ludek knapp. Ich ärgere mich über ihn, da sein Schnitzel mindestens doppelt so groß ist wie meins, und ich den ganzen Tag schon einen wahren Hungerast, wie es mein Triathlonkollege einmal genannt hat, habe. Auf nichts freut sich der Pilger mehr als auf das Essen, das nie besser schmeckt als nach einem körperlich anstrengenden Tag.

Der geile Großvater des Kleinen, ein vom Arbeiten auf dem Feld gezeichneter Mann um die sechzig, erzählt uns nach dem zweiten selbst gebrannten Schnaps von den jungen Mädchen in Zafra, die für dreißig Euro alles machten. Er würde da jetzt hinfahren und er drängt uns, mitzukommen. Nach einer Weile können wir ihn überzeugen, dass wir nach zwölf Stunden an der frischen Luft wirklich andere Bedürfnisse haben.

Ballast abwerfen

Inzwischen bin ich mir sicher: Die Armeehandschuhe sind ganz bestimmt nur für Gärtner konzipiert. Schon nach diesen wenigen Tagen sind sie so zerfetzt, dass sie dringend einer Reparatur bedürfen oder in zwei Tagen weggeschmissen werden müssen.

In den Tiefen meines Rucksacks befinden sich noch leichte Fahrradhandschuhe aus Leder, aber die Blasen verheilen gut in den uringetränkten Dingern, daher kommt Wechseln nicht in Betracht. Nur in geschlossene Räume darf ich sie aus nahe liegenden Gründen nicht mitnehmen.

Im nächsten Dorf komme ich an einem Schuster vorbei, der dicke Lederflicken aufnäht und mir das Gefühl gibt, handschuhtechnisch wieder absolut fit zu sein. Die Spontanreparatur kostet ganze drei Euro, ich gebe ihm ein großzügiges Trinkgeld – auch als Entschädigung für die Geruchsbelästigung. Großes Kompliment, er hat sich nichts anmerken lassen …

Ich tanke Wasser, der Wanderführer warnt eindringlich, man solle genügend Wasser mitnehmen. Auf dem dreißig Kilometer langen Weg nach Torremegía gibt es keine Wasserstelle mehr, »es sei denn, Sie biegen nach halbem Weg ab«. Habe ich nicht vor, keine Umwege, bitte!

Ich befinde mich im Terra de Barros, was so viel wie Lehmland bedeutet. Ich bin dankbar für die Trockenheit. Bei Regen hätte der Lehm meine schlanken Mountainbikeräder sofort in rotbraune Ballonreifen verwandelt. Damit wäre ich unmöglich weitergekommen, zwischen Reifen und Seitenteil ist nur eine Handbreit Platz. Um auf engstem Raum zurechtzukommen, ist der Stuhl keinen Zentimeter breiter und länger als notwendig.

So weit das Auge reicht erstrecken sich Weinfelder, und gelegentlich sehe ich in großer Entfernung Arbeiter bei der Weinlese. Auf den breiteren Wegen begegnen mir Traktoren, die mit Reben beladene Hänger ziehen. Die Trauben schmecken saftig süß, zudem erleichtern die klebrigen Finger das Vorankommen. Im Fachjargon wird das »mehr grip« genannt, wenn die Hände am blanken Stahl der Greifreifen nicht abrutschen. Hunger und Durst sättige ich hier einfach am Wegesrand, um den Wasservorrat hätte ich mich gar nicht zu sorgen brauchen.

Tina, eine Freundin aus Essen, hat mir für die Reise einen kleinen Glücksbringer mitgegeben. Obwohl sie an das ganze esoterische Zeug nicht glaubt, wie sie sagt, und auch meinen Glauben an Gott nicht teilt, schrieb sie mir die ihres Erachtens nur angeblichen Wirkungen des Amethysten auf. Heilung, Reinigung etc., so stand es in dem handschriftlichen Brief, der mich kurz vor der Abreise noch erreichte. Wie üblich schrieb sie den Brief in ihrer irischen Lieblingskneipe bei John Power. Gentlemanlike schob John ihr eine Kerze hin und gelegentlich ein frisches Bier.

Die Verkäuferin des Steins hatte ihre Entscheidung mit einem routinierten »das fühlt sich richtig an« bestätigt, und so trage ich ihn von Beginn der Reise an in der rechten Hemdtasche meines Funktionshemdes. Am zweiten Abend wusch ich das Hemd, und der Stein wanderte zufällig in die linke Brusttasche. Vielleicht auch aus Gründen der Balance. Ich hatte mich gerade zu wundern begonnen, warum ich lediglich an der rechten Hand große Wasser- und Blutblasen bekommen hatte, und mich damit beschwichtigt, dass ich mit rechts einfach fester zugreife. Am dritten Tag bildeten sich Blasen nun auch an der linken Hand, während rechts keine neuen hinzukamen. War der Stein dafür verantwortlich? Natürlich wollte ich auf die mögliche Reinigung nicht verzichten, also steckte ich ihn erst einmal in die Hosentasche. Als sich nun auch links keine weiteren Blasen bildeten, verschwand der Stein im Rucksack.

Während der Reparatur der Handschuhe sah ich mir lange meine zerschundenen Hände an, und meine Wut auf den Stein steigerte sich gewaltig. Warum habe ich das zugelassen? Bei einer Rast zwischen einsamen Weinbergen kann ich meine Aggression nicht mehr stoppen. Ich fische den Stein aus dem Rucksack, lege ihn auf einen Feldstein und schlage mit einem anderen drauf, so fest ich eben kann. Genugtuung erfüllt mich, als ich sehe, wie sich die hellen Fasern in rosafarbenes Puder verwandeln.

Als ob Ballast von mir abgefallen wäre, gehe ich beschwingt weiter. Scheiß Stein. Bis Santiago bekomme ich keine weiteren Blasen mehr.

Du hast gerade gehen gesagt …, etwas klingt in meinem Kopf nach. Ein Arbeitskollege, stets bemüht um Korrektheit in jeder Hinsicht, wies mich eines Tages mit leicht angespanntem Gesichtsausdruck auf meine Formulierung hin. Bei mir zieht sich immer alles zusammen, wenn jemand mir zum Beispiel den Weg beschreibt und stehend von oben herab erklärt: »Dann rollen Sie nach links und danach wieder nach rechts …«

Ich verdränge den Umstand keineswegs, dass ich nicht laufen kann, betrachte meine Fortbewegung aber dennoch als gehen. Rollen hat nicht nur etwas weniger Aktives, es beschreibt für mein Empfinden keine eigentliche Fortbewegung, es sei denn mit Rollerblades und Skateboards. Eher schon komme ich mir vor wie ein Cowboy, der ein Pferd reitet. Halt eines aus Stahl. Mein Satz »Ich reite da jetzt

Im Cowboy-Look

mal hin«, würde den korrekten Kollegen, und nicht nur ihn, freilich vollends verwirren.

I'm a cowboy
On a steel horse I ride
I'm wanted
Dead or Alive

Lauthals beschalle ich die Weinstöcke und danke Jon Bon Jovi für einen der größten Songs der Rockgeschichte. Mit achtzehn bin ich extra mit einem Freund zusammen auf meinem Motorrad losgefahren, weil es die Platten »Slippery When Wet« und dann auch »New Jersey« für einen Zehner in der Stadt im Angebot gab. Heute lache ich darüber, wie wichtig mir das damals alles war.

Nach stundenlangem einsamem Wandern nehme ich weit vor mir auf dem Feldweg eine in der Hitze flimmernde Gestalt wahr. Ein Pilger? Ich versuche sie einzuholen und frage mich, wer das wohl sein kann. Der Tscheche kommt kaum in Frage, er entspannt sich bestimmt schon längst in der Herberge. Vor allem jedoch wünsche ich mir, dass es jemand anderes sei, Ludeks Kampf ist nicht meiner, ich sehne mich nach ein bisschen Abwechslung.

Ich nähere mich nur langsam, obwohl meine Hände den heißen Stahl im rasenden Takt berühren und die Räder antreiben. Die Person besitzt einen raumgreifenden Schritt. Je näher ich komme, desto deutlicher muss ich feststellen, dass es sich um einen Mann handelt … Schade! Im Mittelalter hat man den Pilgern Hopfen verabreicht, um ihre Lust zu unterdrücken. Stundenlanges Wandern schärft eben nicht nur die Sinne.

Als die Gestalt sich umdreht, erkenne ich Ludek. Augenblicklich verlangsame ich mein Tempo. Beim Überholen gibt er mir eine kleine Temperaturaktualisierung, 46 Grad zeigt das Messgerät an seiner Uhr.

»Ich habe mich für zwei Stunden unter einen Baum gelegt, bei dieser Hitze«, erklärt er mir, als ich mich wundere, ihn hier anzutreffen.

Ich lasse Ludek hinter mir, fliege weiter und denke nur noch an die angeblich neu eröffnete Unterkunft und an ein kühles Bier. Die flimmernde Luft steht still, wahrscheinlich war ich noch nie bei einer solchen Hitze unterwegs. Der heiße Wind bläst mir wie ein Föhn ins Gesicht, das warme Wasser aus der Trinkflasche löscht den Durst schon längst nicht mehr. Weit und breit ist kein Baum in Sicht, der Schatten spenden könnte. Die Weinfelder sind umgepflügten Weizenfeldern gewichen, und der Wind trägt fortwährend feines rötliches Pulver mit. Am Horizont meine ich schon das Ziel zu sehen und rase ungeduldig darauf zu, aber das Dorf will einfach nicht näher kommen. Jetzt ein kühles Getränk, Schatten, ein Badesee, das wär's.

Die in meinem druckfrischen, erst vor sechs Wochen erschienenen Wanderführer als neue Unterkunft angekündigte Herberge ist geschlossen. Sie gehört dem Herbergsvater von der ehemaligen Ölmühle, wo wir gestern waren, der aber hat kein Sterbenswörtchen verlauten lassen, dass hier geschlossen ist. Wir sind die einzigen Pilger, die sehnsüchtig vor dem ehemaligen Adelspalast aus dem 15. Jahrhundert Einlass begehren.

Überall in Spanien entlang des Jakobswegs gibt es Notunterkünfte. Also rufen wir die Guardia Civil an, die im gleichen Gebäude oberhalb der Wache im ersten Stock einen kargen Raum mit Waschbecken für gestrandete Pilger bereithält.

Als sie mich sehen, disponieren sie jedoch schleunigst um und händigen uns den Schlüssel für die Festhalle am Rand des Dorfes aus. »Cultura y Musica« steht auf der weißen Hauswand. Ludek öffnet jedes Fenster in dem muffigen 40 Meter langen und 20 Meter breiten Raum, in dem kleine Wimpel von der Decke hängen. An der gesamten Länge stehen Stühle aufgereiht, und am hinteren Ende des Raumes befindet sich ein Podest, auf dem Schaumstoffmatten liegen. Bei den Waschräumen befinden sich allerdings keine Duschen. Nicht wirklich die Oase, von der ich in der sengenden Hitze geträumt hatte. Wo ist das Bier? Mein Durst ist enorm, während sich der Hunger in

Grenzen hält. Als Schüler haben wir bei einer Klassenfahrt einmal ausgerechnet, wie viele Jahresproduktionen der weltgrößten Brauerei mit 150 Mio. Hektolitern Jahresausstoß notwendig wären, um den Bodensee zu füllen. Das Ergebnis weiß ich nicht mehr, aber diese stupide Rechenaufgabe kommt mir wieder in den Sinn, als ich an meinen Durst denke.

Die Musik der Extremadura

»Arbeit macht frei«, ruft Ludek, als wir vom Einkaufen zurückkommen, mit seinem starken Akzent. Und korrigiert sich sofort: »Geld macht frei.« Die Variante muss er sich wohl irgendwann in der Hitze überlegt haben, die kenne ich noch gar nicht. Ich denke kurz nach und erwidere: »Gott macht frei.« Er überrascht mich, als er nach einer Pause antwortet: »Si, gracias.«

Nach dem vierten Bier lege ich eine Sportmatte auf den staubigen Boden, vierzig Meter von Ludek entfernt, der am anderen Ende auf dem Podest schlafen will. Wegen möglicherweise herumlaufender Tiere wäre mir eine Nacht dort oben auch lieber, aber ein Podest ist nun mal ein Podest und hat Stufen davor.

Es klopft. Vor dem Gebäude hören wir Stimmen, sicherheitshalber schieben wir den schweren Riegel vor die Stahltür. Das Klopfen wird eindringlicher, und als wir öffnen, steht eine Gruppe von zwanzig Folkloremusikern davor. Heute sei die wöchentliche Probe und ihr Auftritt finde bald statt, erklären sie resolut, bevor einer nach dem anderen hereinkommt. Bis auf zwei dreißigjährige Frauen ist der Rest der Gruppe deutlich älter. Sie stellen sich uns als »Folklore populae extremeño« vor.

Zehn Sängerinnen und ein Sänger werden begleitet von drei Gitarren, zwei Akkordeons, einer Trommel und einem Glockenspiel. Zwei Dirigenten übernehmen abwechselnd die Leitung. Einer von ihnen ist ganz offensichtlich schwul, und ich frage mich, wie das in einer erzkatholischen ländlichen Gegend wohl ankommt.

Zwischen jedem Stück wird geraucht und lebhaft diskutiert, während wir mit verstaubten Gesichtern und Kleidern der Darbietung lauschen. Die leidenschaftliche Musik drückt sehr viel Kraft aus, zugleich ist sie auf eigentümliche Weise mit der Wehmut gepaart, die dieses Land ausstrahlt. Der gleichförmige Rhythmus der tragenden Instrumente lässt die klaren Frauenstimmen leuchten. Sie klingen wie der heiße, trockene Atem der Extremadura, und gerade aus ihnen strömt die Lebenskraft hervor. Sie ziehen uns in ihren Bann und nehmen uns mit auf die Reise über das rot-braune, trockene Land. In Gedanken lasse ich die letzten Tage Revue passieren. Wie viel man doch über ein Land lernen kann, wenn man es durchschreitet, denke ich. Besonders in ländlichen Regionen, in denen Menschen sich den Einflüssen der Natur aussetzen müssen, prägt das Land die Gedanken. Diese Töne treffen genau in mein Herz und ich verliebe mich. *Extrema dura* – ist es das, worin ich mich wiederfinde?

Eine Frau in Rot gefällt uns besonders. Ihre Stimme klingt zwischen den anderen hervor, und sogar Ludek kramt seine Einwegkamera hervor und macht einige Fotos.

Ich bin froh, als ich um sechs Uhr aufwache. Die Nacht auf der Sportmatte war hart und lädt kein bisschen dazu ein, weitere Minuten liegen zu bleiben. Die Klänge des Abends summen in meinem Kopf jedoch weiter und stimmen mich mild. Egal wie schlecht die Nacht auch war, vor Freude auf den kommenden Tag könnte ich gleich loshüpfen. Gott macht frei.

Laut fällt der Schlüssel auf den Steinfußboden der Polizeiwache, als wir ihn weisungsgemäß durch das offene Fenster werfen. Wieder einmal ist es stockdunkel, die Cafés sind jedoch bereits mit Arbeitern gefüllt, die uns kaum beachten. Wie angenehm, wenn ich allein unterwegs bin, erhalte ich fast immer mehr Aufmerksamkeit. Als ob der Betrachter die Begleitperson suchen würde.

Die Aussicht, heute das Rom Spaniens zu sehen, treibt mich an. Die erste große Stadt seit einer Woche, und ich werde sie als Tourist durchstreifen. Vielleicht kann ich sogar meinen Schlafsack reparieren lassen.

Die 600 Meter lange Römerbrücke über den Rio Guadiana lässt mein Herz höher schlagen. Wann bin ich schon einmal über eine so lange antike Brücke gegangen? Bedächtig nähere ich mich der Stadt.

In Mérida merke ich, dass ich nicht nur nicht wie ein Tourist aussehe, beim Einkauf von neuem Verbandszeug in der Apotheke wird mir schlagartig bewusst, dass ich auch nicht wie einer rieche. Zumindest die Handschuhe hätte ich besser vor der Tür liegen gelassen. Bin ich Pilger oder Penner? Rein optisch wäre das gar nicht so leicht zu entscheiden …

Gesprächsfetzen auf Englisch und Deutsch fliegen zu mir herüber. Als Tourist hätte ich Mérida vermutlich nicht extra aufgesucht, aber die Stadt sozusagen als Geschenk im Vorbeigehen präsentiert zu bekommen, erfüllt mich mit tiefer Dankbarkeit. Der Diana-Tempel, das große Amphitheater, eigentlich alles erinnert an Rom. Vielleicht sollte ich einmal nach Rom pilgern? Nach meiner Logik will ich allerdings nur Pilgerwege beschreiten, bei denen ich das Ziel noch nicht kenne. Bliebe also noch Jerusalem. Egal, jetzt bin ich hier, und bis Santiago liegen noch über 800 Kilometer vor mir.

Nach ein paar Stunden Besichtigung stehe ich vor der Wahl, den Tag hier geschichtsträchtig ausklingen zu lassen, oder noch ein paar Stunden weiterzuwandern. Ich schiebe die Entscheidung auf und trinke erst einmal ein Bier auf dem Marktplatz.

Mir fällt eine Anekdote aus den USA ein, die mich noch immer so amüsiert, dass ich lauthals lache. Der Kellner hinter dem Tresen schenkt mir einen verwirrten Blick. Ein Professor an der Uni nahm eine leere Vase aus Glas, schwenkte sie in der Luft und fragte, ob sie leer sei.

»Ja, sie ist leer, vielleicht ist sie mit Luft gefüllt«, antworteten wir. Er nahm etwa walnussgroße Kieselsteine und füllte die Vase damit. Dann wiederholte er seine Frage.

»Ja, jetzt ist sie gefüllt«, antworteten wir brav und fragten uns, worauf er hinauswollte. Dann ließ er Sand hineinlaufen, der sich zwischen den Kieseln verteilte und die Zwischenräume auffüllte. »Und jetzt, ist sie jetzt voll?« Seine Augen leuchteten.

Als wir bejahten, führte er mit leuchtenden Augen aus: »Die Vase ist euer Leben und die Kieselsteine sind die wichtigen Dinge darin, eure Familie, Freunde, euer Beruf und eure Gesundheit. Sie füllen euer Leben an. Der Sand steht für die kleinen Dinge, die nur die Zwischenräume füllen, die Steuererklärung, Stress im Büro oder eine schlechte Note an der Uni. Fokussiert euch auf das Wesentliche, auf die Steine, mit denen euer Leben schon wirklich ausgefüllt ist.«

Sehr amerikanisch, aber gut, dachte ich damals und fragte ihn, ob ich etwas hinzufügen dürfe. Ich nahm eine Dose Bier, öffnete sie und goss den Inhalt in die Vase: »Egal wie voll euer Leben ist, Platz für Bier ist immer.«

Der See von Proserpina liegt auf dem Weg, ich bin gespannt darauf, den größten heute noch existierenden römischen Stausee zu sehen.

Es muss sich um ein Gesetz des Jakobswegs handeln, das immer dann Anwendung findet, wenn ich später als geplant loskomme und mich daher beeilen möchte: Genau dann verlaufe – verrolle? – ich mich prompt und schlage den falschen Weg ein. Ich werde zur Einsicht ermahnt, dass Ziele in einer angemessenen Zeit erreicht werden und es auch mit Gehetze nicht schneller geht.

Unbeirrt von dieser Lektion versuche ich, die durch Herumirren verloren gegangene Zeit aufzuholen und presche voran. Meine Aufmerksamkeit ist komplett auf die Geschwindigkeit und damit auf das Erreichen der achtzehn Kilometer entfernten Herberge gerichtet, die mich umgebenden Dinge nehme ich nur bruchstückhaft wahr. Ich bemerke nicht einmal, dass sich die Laufeigenschaften des Stuhls verändern, so sehr treibt mich der Wille, schnell voranzukommen, jetzt an.

Endlich bemerke ich den Platten. Gerade hatte ich bei einer Tankstelle nach Luft fragen wollen, um wieder auf den maximalen Druck von 6.5 Bar zu erhöhen, aber ich hatte keinen Kompressor gefunden. Nun habe ich überhaupt keinen Luftdruck mehr. Wo soll ich hier das Loch flicken? Mühsam habe ich mir in den letzten Jahren antrainiert, in Stresssituationen Ruhe zu bewahren. Einen kühlen Kopf behalten und eins nach dem andern! Aufregen kannst du dich später immer noch ... Aber später macht es ja keinen Sinn mehr.

Ich finde einen schattigen Platz und steige aus dem Rollstuhl aus. Der erste Platten, ich könnte wie Rumpelstilzchen vor Wut aufspringen. Durch die Baumkronen ist bereits das glitzernde Blau des Stausees zu sehen, und ich sitze hier auf dem Boden bei einer Zwangspause.

Ich lege den Rollstuhl auf die Seite und nehme das Rad heraus. Das ist noch der einfachste Part, durch den Klick-Verschluss besteht diese Aktion nur aus einem einzigen Handgriff. Die Radtasche muss ich komplett ausräumen, da sich die kleinere Werkzeugtasche mit dem Flickzeug und der Luftpumpe natürlich an ihrem tiefsten Punkt befindet. Der schwerste Gegenstand muss am weitesten unten liegen, am Berg ist so ein tiefer Schwerpunkt ein Muss. Den Flickvorgang selbst habe ich schon Hunderte von Malen praktiziert, mindestens einmal jeden Monat. Vollgummireifen sind leider keine Alternative,

Reparatur des ersten Platten

weil deren Laufeigenschaften einfach nicht gut sind. Und Reifen mit eingebautem Pannenschutz wiegen pro Stück fast 500 Gramm mehr – spätestens vor der Küchenwaage hätte ich sie wieder aussortiert.

Zu Hause sitze ich bei einer Reparatur bequem auf einem anderen Rollstuhl und kann mich bewegen. Hier fegt mir der Wind das Flickzeug weg. Den aufgepumpten Schlauch halte ich vergeblich ans Ohr, um die entweichende Luft zu hören, der Wind rauscht viel zu laut. Also muss meine Wasserflasche herhalten. Ich schneide sie auf und schiebe den Schlauch stückchenweise durch die Öffnung, sorgsam darauf bedacht, die scharfen Plastikkanten zu meiden. Ich finde nicht weniger als drei Löcher, und das Antrocknen des Klebers scheint mir eine halbe Ewigkeit zu dauern. In einiger Entfernung passieren mich mit kurzen, schnellen Schritten zwei Pilger. An ihrer neuen Ausrüstung und ihren ausgeruhten Blicken erkenne ich sofort, dass sie ihre Wanderung in Mérida angefangen haben müssen. Sie sehen mich gar nicht, so sehr sind sie in sich versunken.

Endlich ist der Reifen wieder eingebaut und notdürftig aufgepumpt. Nicht einmal drei Bar bekomme ich mit meiner kleinen Integralpumpe zusammen, geschweige denn sechs, aber es reicht, um mich bis zum Ziel zu bringen. Hoffe ich.

Zuckerrausch

Diese Aktion hat mich über eine Stunde gekostet, aber aufregen kann ich mich mittlerweile nicht mehr. Was habe ich schon verloren? Mir fällt mein Freund Jan ein, der heute Sportmoderator im Fernsehen ist. Früher in der Schule hatte er Stress, weil er einem parkenden Auto die Reifen aufgestochen hatte. In einer Kneipe fragte er mich später einmal verschmitzt, ob ich denn keine Angst hätte, dass er neben mir säße. Dass mir jemand die Reifen aufgestochen hat, ist mir bisher nur einmal passiert, beim Münchener Oktoberfest, aber natürlich nicht von Jan.

Kurz darauf ist die Reparatur vergessen. Kein Stopp mehr, aber auch keine Hetze, jetzt will ich einfach nur genießen, was sich mir

Freundliche Aufnahme durch die Dorfbewohner

darbietet. Der Stausee funkelt dunkelblau, lange führt der Weg genau an ihm entlang. Ich überhole Wanderer, die sehr bedächtig einen Schritt vor den anderen setzen. Die Spur führt weiter, durch Olivenhaine und an eingezäunten Schweinen und Rindern vorbei. Hinter brusthohen Steinmauern lugen sie herüber.

Als ich an einer Kirche erstmals ein Templerkreuz unter den gelben Wegpfeilen aufgemalt sehe, wähne ich mich bereits am Ziel. Plötzlich spüre ich einen mächtigen Hunger und Durst, viel habe ich heute noch nicht gegessen. Die Reparatur hat mich den gesamten Wasservorrat gekostet, und nach einem Blick in meinen Wanderführer stelle ich fest, dass die Herberge noch eine gute halbe Stunde Marsch entfernt ist. Wie ein Verdurstender in der Sahara schleppe ich mich weiter.

Als handelte es sich um eine Fata morgana, sehe ich im nächsten Moment einen Bauer am Wegrand, der zwei Eimer mit frischen Weintrauben vor sich hingestellt hat. Ich muss mich kneifen, denn hier kommt bestimmt nicht oft jemand vorbei.

Er trinkt ruhig Wein und hält mir geradezu gütig lächelnd eine Rebe hin. Gierig verschlinge ich sie und spüre, wie die Kraft zurückkehrt. Den Wein lehne ich dankend ab, ich bin glücklich in meinem Zuckerrausch.

Ein kleines Wunder. Als ich mich auf der nächsten Anhöhe noch einmal umdrehe und zurückblicke, ist er verschwunden.

Vor der Herberge in Aljucén befinden sich drei Stufen, und das Erste, was ich von Ludek höre, ist die Frage: »Warum hast du so lang gebraucht?« Seelenruhig lehnt er sich aus einem Fenster und unterhält sich in seinem frischen Freizeitoutfit mit mir. Sein Rucksack muss einen Zentner wiegen, er hat mindestens vier Garnituren zum Wechseln dabei. Ich erzähle von meinem »Pinchazo«, dem Platten, aber das interessiert ihn gar nicht. Gnädig lässt er sich herab, mir die Stufen hinaufzuhelfen.

Ich komme mir wie in Mekka vor. In der Herberge befindet sich ein Automat mit kalten Getränken und Snacks! Am liebsten möchte ich alles gleichzeitig erledigen: duschen, Kleider waschen, damit sie in den letzten Sonnenstrahlen noch trocknen, und vor allem etwas Kühles trinken. Ich füttere den Automaten nonstop mit Münzen und lasse Süßigkeiten, alkoholfreies Bier, Eistee, Cola heraus.

Schon kurz darauf fühle ich mich wie ausgewechselt. Später erreicht auch das neue Pilgerpärchen das Ziel, und wir teilen uns auf die drei Räume auf.

Elena, die Herbergsmutter, ist überrascht, jemanden wie mich zu sehen.

»Ich führe die Herberge zusammen mit meiner Freundin nun schon eine ganze Weile«, erzählt sie. »Ich habe schon viele kommen und gehen sehen. Einmal hatte ich einen Gast, der nur noch ein Bein hatte, aber jemanden im Rollstuhl noch nie. Ich schenke dir die Übernachtung, weil vor der Tür Stufen sind.«

Ich bedanke mich bei ihr und verfüttere den Gegenwert der Übernachtung schnurstracks in den Getränkeautomat, für mich ein einarmiger Bandit, um an noch mehr alkoholfreies Bier zu gelangen.

Ludek und ich verabschieden uns bald darauf und feiern unsere Trennung in der Bar, einen Steinwurf von der Casa Elena entfernt. Morgen will Ludek schon wieder vierzig Kilometer marschieren, während ich nach einer kürzeren Wegstrecke bei der Congregación de los Hermanos de Maria y de los Pobres übernachten möchte.

Ludek hat in Mérida Telelotto gespielt und 80 Euro gewonnen. Jetzt lädt er mich zu einem Bier ein. Wir sitzen entspannt unter Palmen auf der Terrasse vor der Bar, hinter uns unterhält ein Engländer eine Spanierin in seiner Landessprache.

Gefährliche Euphorie

Besorgt blicke ich am nächsten Morgen meinen »Aktiv-Rollstuhl mit extra verhärtetem Rahmen« an, als ich das leichte Nachgeben des Materials spüre, während ich die drei hohen Stufen vor der Herberge hinabruckle. Ludek ist schon weg, das Pilgerpärchen schläft noch. Ich freue mich über die bevorstehende kurze Etappe, für die allerdings eine heftige Steigung angekündigt ist. Sei's drum, sage ich mir, Zeit habe ich heute genug. Schließlich mache ich hier bei keinem Wettrennen mit und habe mehr Zeit für die gesamte Strecke eingeplant als Ludek für seine.

Als ein Spanier in einem verdreckten Kombi hinter mir hält, befallen mich für einen Moment Zweifel, ob ich nicht auf einem Trip hängen geblieben bin. Wer weiß, vielleicht hört die Wirkung der Camino-Droge nicht mehr auf und ich erlebe die Realität anders? Seit

Stunden durchquere ich einen Naturschutzpark, ohne auch nur ein einziges Lebewesen gesehen zu haben, und plötzlich steigt hinter mir ein Spanier aus seinem Auto aus. Verkehrte Welt, denke ich, zu verblüfft, ihn zu fragen, wo er denn herkomme.

Er plappert direkt los und weist mich darauf hin, wie steil der Weg wird. Seine Handbewegung beschreibt etwa einen 50-Grad-Winkel. »Das schaffst du nie, besonders nicht mit den kleinen Reifen da vorne«, fügt er fachmännisch hinzu. Seine Kompetenz verblüfft mich. Mein Wanderführer hat mich zwar ebenfalls gewarnt, aber es soll sich ja nur um ein kurzes Stück handeln. »Es ist kein kurzes Stück«, korrigiert er mich, »außerdem kommst du nicht über die Felsbrocken.«

Wer um Himmels willen hat diesen Mann denn jetzt hergeschickt, frage ich mich, bevor ich zögernd sein Angebot annehme, mit ihm den Berg zu umfahren und mich direkt dahinter wieder absetzen zu lassen.

In einem großen Bogen weichen wir der Steigung aus, wobei der Unterboden oft über Steine schleift, bevor wir aus dem Park heraus auf eine Landstraße kommen. Wieder muss ich erklären, warum ich den Weg allein gehe, dass er ein großes Geschenk ist und ich bestimmt nicht verrückt bin. »El Camino es un regalo«, nickt er zustimmend.

In einer Bar an meinem ursprünglich avisierten Etappenziel, bei der Congregación de los Hermanos, überlege ich mir die weitere Tagesplanung. Nach jedem Bier werde ich euphorischer, gleich noch eine Etappe dranhängen zu können.

Vor ein paar Tagen habe ich damit aufgehört, nur alkoholfreies Bier zu trinken, da ich mich ausgezehrt fühle und nach jeder Kalorie lechze. Natürlich weiß ich, dass diese Alkoholkalorien nur einen Kredit mit Wucherzinsen darstellen, weil ihr Abbau letztlich sogar mehr Kraft kostet, als er anfänglich gegeben hat. Es ist ein bisschen wie beim Fliegen: nach Verlassen der komfortablen Reiseflughöhe holpert es beim Landen …

Es erweist sich als Fehler, an diesem Mittag weiterzugehen. Wie eine Notunterkunft aussieht, habe ich bereits vor zwei Tagen erfahren dürfen. Würde ich jetzt sehenden Auges wieder in eine solche hineingeraten? Ich bete für eine gute Unterbringung und eine perfekte Schlafgelegenheit und gehe weiter. Eine Art Bonusetappe, versuche ich mir die Dinge in meinem Kopf zurechtzubiegen.

Die Luft unterwegs ist geschwängert mit süßlichen Gerüchen. Wilde Minz- und Anissträucher, die ihren Duft verströmen, stehen am Wegrand, so hoch, dass sie mich im Sitzen überragen. Ich muss an Bonbonstände auf dem Weihnachtsmarkt und Mojitos in der Roten Bar in Frankfurt denken, aber der Duft hier ist kräftiger, würziger. Die umliegenden Weideflächen wurden brandgerodet, der stechende Rußgeruch hängt wie ein Schleier über dem Boden und vermischt sich mit dem Duft der Kräuter.

Ich schwebe dahin, genieße die Nachmittagskühle und könnte glücklicher nicht sein. Die Gedanken sind so weit wie der Himmel, und alles scheint hier und jetzt möglich zu sein. 2000 Jahre Geschichte wehen mir entgegen, immer wieder sehe ich Ausgrabungsstellen mit dem historischen Originalpflaster oder römischen Meilensteinen.

Dann der Schock. Die Notunterkunft ist ein Dreckloch. Sie besteht aus einem dunklen, staubigen Raum, der noch nie geputzt worden zu sein scheint. Das mit einer Jalousie verdunkelte Fenster lässt sich nicht öffnen, da diese Seite des Raumes mit alten Möbeln voll gestellt ist. Alles ist mit einer fingerdicken Staubschicht überzogen, die Rollstuhlräder ziehen deutliche Spuren durch den Staub auf dem Boden. Es liegen auch keine Matratzen oder Sportmatten herum, sondern lediglich Kartons, ehemalige Umzugskisten.

Auf hartem Boden zu schlafen ist mir ohne irgendeine Form der Polsterung nicht möglich. Die Warnsignale flackern wild, als ich mich an Rollstuhlfahrer mit faustgroßen Druckstellen in der Klinik erinnere. Die Haut ist an diesen Stellen über dem Knochen aufgrund von zu hoher Druckbelastung und mangelndem Schmerzempfinden einfach abgestorben. Meist sind diese Stellen dunkelrot mit einem kleinen, unscheinbaren schwarzen Punkt in der Mitte. Das bedeutet, dass unter dem oberflächlich intakten Gewebe bereits abgestorbene

Hier blendet nur die Fassade (trotz Rampe)

Zellen lagern, die nicht abtransportiert werden. Eine Kettenreaktion, die oft in einem langen Klinikaufenthalt mündet.

Das soll ich riskieren? Bestimmt nicht. Hier bleibe ich nicht. Das steht fest, bevor ich noch die Kakerlaken in dem versifften Bad sehe. Ausschließlich der großflächige Einsatz von Salzsäure hätte hier geholfen, und dann wäre es immer noch muffig gewesen; um wirklich sauber zu sein, hätte alles von Grund auf renoviert werden müssen.

In dem Ort gibt es noch ein Hotel, das wusste ich von meinem spanischen Wanderführer. Weiterzugehen ist um halb sieben Uhr keine wirkliche Option, und ein Taxi in den nächsten Ort zu nehmen auch nicht.

Das Hotel ist geschlossen. Ich bin so verblüfft, dass ich nur noch lachen kann. Die Situation ist zu grotesk. Also gehe ich zu der Bar zurück, in der ich den Schlüssel für die Notunterkunft bekommen habe und frage, ob es noch eine andere Übernachtungsmöglichkeit gebe. Schulterzucken. »Wenigstens eine Matratze?« Nach langem Hin und Her bekomme ich eine.

Natürlich freue ich mich kein bisschen auf die Nacht. Am Tresen der Bar ertränke ich den letzten Widerwillen gegen das Quartier mit Garvey, einem spanischen Brandy. Ich sehe mich hier ganz klar als ein Opfer von Werbung. Vor einigen Tagen hatte ich einen Spot mit einem smarten Typen und einer eleganten Frau im Fernsehen gesehen. Natürlich trank er cool lächelnd Garvey. Ob er wohl auch in so einem Dreckloch hauste? Wahrscheinlich nicht. Hoffentlich ist das nach ein paar von den Dingern irrelevant.

2 AUFPRALL

Mein neunter Wandertag.

Ich fühle mich ausgelaugt, der rechte Handballen schmerzt. Leise begleitet mich das Quietschen des Lagers am linken Vorderrad.

Ich muss an den französischen Film »Hass« denken. Im Vorspann des Films, der in einem französischen Getto spielt, erzählt der Sprecher: »Dies ist die Geschichte einer Gesellschaft, die aus dem 50. Stock eines Hochhauses sprang. Um sich zu beruhigen, verkündet sie bei Erreichen eines jeden Stockwerks: ›Bis hierher ist es noch gut gegangen, bis hier ist es noch gut gegangen … ‹ Aber wichtig ist nicht der Fall, sondern der Aufprall.«

Der 24. Mai 1993 war ein sonniger Tag. Ich war auf meiner Kawasaki LTD 440 unterwegs und verließ Berlin ostwärts in Richtung Polen. Das schriftliche Abitur war geschafft, und vor der großen Abifeier wollte ich zusammen mit meinem Freund Ingo für ein paar Wochen auf einer ehemaligen LPG arbeiten. Ich fand die Idee bestechend, nach der intensiven Lernerei einige Zeit an der frischen Luft zu verbringen.

Auf dem Weg aus der flirrend heißen Stadt hinaus verfuhr ich mich ständig und war wütend über die miserable Wegbeschreibung, die mir mein Bruder mitgegeben hatte. Aber die Autobahn war neu, es war wenig los und ich freute mich darauf, bald mit Ingo gemeinsam auf dem Motorrad durch die Gegend zu fahren, die langen Haare im Wind wehen zu lassen und das zu spüren, was man in diesem Alter für grenzenlose Freiheit hält.

»Wir müssen ihm die Lederjacke aufschneiden.« Ich liege zwischen den Leitplanken, blicke in den Himmel und höre das Gespräch von zwei Männern in Warnwesten. Ich will aufstehen und protestieren, merke aber gleich, dass das nicht geht. Meine Beine gehorchen nicht. Mir ist sofort klar, was passiert ist. Der Rettungshelikopter steht auf der Wiese neben mir, um mich herum erfüllt ohrenbetäubender Lärm die Luft. Für meinen ersten Flug im Hubschrauber hätte ich mir eine bessere Gelegenheit aussuchen können, denke ich noch, dann wird um mich herum alles schwarz.

Wie es zu dem Unfall kam, weiß ich bis heute nicht. Ich komme mit einer beidseitigen Lungenkontusion davon, einer schweren Quetschung der Lunge, schwebe lange in Lebensgefahr und verbringe mehrere Wochen auf diversen Intensivstationen der Hauptstadt. Es ist das erste Mal in meinem Leben, dass ich ein Krankenhaus als Patient von innen erlebe.

Die stickige Klinik in Steglitz hat keine Klimaanlage. Jedes der mickrigen Krankenzimmer wird durch einen dünnen Vorhang zweigeteilt, auf der anderen Seite des Raumes liegt ein weiterer Schwerverletzter, den ich nur hören, aber nicht sehen kann.

»Erinnert ihr euch noch an den stöhnenden Patienten gestern«, frage ich meine Eltern und blicke in ihre ratlosen Gesichter, »der ist gestern Nacht gestorben.« Ich bin zwar wie betäubt von den schweren Schmerzmitteln und erst seit wenigen Tagen aus dem künstlichen Koma erwacht, aber ich will sie provozieren: Eigentlich wollte ich mit dem Satz über mich selbst gesprochen haben, aber das schaffe ich nicht.

Natürlich sagen sie nichts, ich spüre nur ihre Verzweiflung, gepaart mit völliger Hilflosigkeit. Sie sitzen auf ihren Plastikstühlen neben mir, ihre Rückenlehnen berühren die Wand und mit den Knien stoßen sie an das Bett.

Die Gespräche auf engstem Raum haben etwas Surreales. Ein Gefühl von Ohnmacht, das jeder für sich individuell spürt und das uns trennt, liegt über allem. Die Besucher halten von ihrer Position aus die Monitore, die meine Lebensfunktionen überwachen, fest im Blick.

An jedem Arm habe ich mehrere Kanülen, ein zentraler Venenkatheter befindet sich in der Halsschlagader und einige Lungendränagen saugen blutiges Sekret ab. Meine Chancen zu überleben stehen 50:50, und das auch nur deshalb, weil ich körperlich topfit war. Noch vor kurzem war ich als Ruderer auf Leistungssportniveau. In der körperlichen Wachstumsphase habe ich fünf bis sechs Mal wöchentlich trainiert, das hat mir ein Sportlerherz und ein Lungenvolumen von über sechs Litern beschert.

Jetzt werde ich künstlich beatmet, die Lungenhäute drohen zu kollabieren und vollständig zu verkleben. Immer wenn die Messgeräte eine flacher werdende Atmung anzeigen, streichelt einer aus meiner Familie meinen Bauch, durch die reflexiven Reize stabilisiert sich die Atmung sofort wieder.

Abends löst mein Bruder meine Eltern ab und verbringt die gesamte Nacht neben meinem Bett.

Die Schmerzen sind meine ständigen Begleiter, die medizinisch verordnete Dröhnung wirkt entsprechend stark. Halluzinogene Wachträume lösen komaartige Zustände ab, oft bettle ich nur nach meinen »scheiß Drogen«.

Nach zwei Wochen Bewegungslosigkeit auf engstem Raum raste ich aus. Es ist spät abends, und mein Bruder dämmert in sich gesunken neben mir auf dem Besucherstuhl vor sich hin. Ich beginne zu schreien. »Ich halte das hier nicht mehr aus, ich will raus!« Gleichzeitig versuche ich, mir die Kanülen aus den Venen zu reißen, ich will aufstehen und wegrennen. Mit hochrotem Kopf liege ich auf meinem Rücken, aber trotz höchster Anstrengung bewegen sich meine Füße keinen Millimeter.

Ich bekomme zehn Milligramm Valium, mit durchschlagender Wirkung. Als wäre ein Schalter umgelegt worden, sage ich nur wenig später zu meinem Bruder: »Ist doch alles cool hier, wozu die Aufregung?«

»Comfortably numb«, mit den Worten von Pink Floyd.

»Du musst ein Jahr durchhalten«, spricht mir mein Bruder leise ins Ohr. »Wenn du dann noch sterben willst, helfe ich dir dabei.«

Ich erinnere mich an die Verlegung von einem Krankenhaus in ein anderes. Wir ruckeln in sommerlicher Gluthitze mit dem Krankenwagen über altes Berliner Pflaster, und manchmal glaube ich dabei, meine Beine doch wieder zu spüren. In Neukölln will man meine gebrochene Wirbelsäule stabilisieren, indem die Wirbelkörper durch eine Metallplatte geschient und gestützt werden – auf diese Weise soll ich im Rollstuhl später zumindest stabil sitzen können.

Nach vier Wochen beginnen sich meine Beine wieder zu bewegen. Mein Bruder kneift mir in die Zehe, und das Bein beugt sich. Ich kann die Dinger zwar immer noch nicht spüren, aber zumindest ist Bewegung drin und der Spuk ist scheinbar doch schneller zu Ende als befürchtet.

Mit leuchtenden Augen erkläre ich dem Arzt, was geschehen ist, und erwarte spontane Freudenfeste, Schulterklopfen und ein »Nochmal mit einem blauen Auge davongekommen, wir können jetzt über Ihre Entlassung nachdenken«.

Seine nüchterne Diagnose lautet stattdessen: »Das ist völlig normal, Sie befanden sich im spinalen Schock, nun erleben Sie spastische Kontraktionen von einem Rückenmark, das unterhalb der Verletzung aktiv ist. Sie müssen sich das wie einen Gartenschlauch vorstellen, der, wenn er geknickt ist, auch noch oberhalb und unterhalb des Knickes Wasser hat. Es kommt nur keins mehr durch.«

Ich hätte aufstehen und ihn zum Fenster hinauswerfen wollen. Ungerührt, als spräche er über etwas Technisches, erstickt er jede Art von Hoffnung in mir im Keim.

Dann demonstriert er mir das Ausmaß der Situation plastisch und nimmt eine Nadel in die Hand. »Schließen Sie die Augen und sagen Sie mir, was Sie spüren.«

Ich spüre gar nichts, aber ich frage mich, ob er irgendetwas fühlt, als er sich, wie es mir in diesem Moment vorkommt, selbstsicher vor mir aufbaut und die Nadel in der rechten Hand schwenkt.

Bevor er das Zimmer verlässt, sagt er noch: »Erfahrungsgemäß regenerieren sich Teile des Rückenmarks noch innerhalb von 24 Monaten nach der Verletzung, Sie sollten sich also weiter beobachten.«

Gegen wen soll ich meine Verzweiflung richten? Weglaufen geht leider nicht. Früher setzte ich mich, wenn ich Kummer oder Ärger verspürte, auf mein Motorrad, und schon beim Anlassen des Motors entspannten sich meine Gesichtszüge. Spätestens nach einem Kilometer war ich glücklich im Hier und Jetzt.

Born to ride, eigentlich dachte ich dabei an die zwei Räder eines Bikes und nicht an die vier Räder eines Rollstuhls.

Der zweite Flug mit dem Helikopter

Nach der Stabilisierung meines Zustands steht meine Verlegung in eine Spezialklinik an, um mit der Rehabilitation zu beginnen. Meine Eltern waren durch das gesamte Bundesgebiet gereist und stellen mir eine Handvoll Kliniken vor. Ich entscheide mich für die Werner-Wicker-Klinik in Bad Wildungen, die die modernste zu sein scheint. »Sie hat auch einen so netten Speisesaal, der aussieht wie eine Skihütte«, bemerkt meine Stiefmutter in einem Versuch, ein bisschen Zuversicht zu verbreiten.

Wieder ist es ein sonniger Tag, als ich Berlin verlasse. Sobald der Helikopter abhebt und ich meinem Bruder aus der Luft zuwinke, schluchze ich laut auf. Zum ersten Mal seit Wochen werde ich auf mich allein gestellt sein. Was wird mich erwarten?

Wir fliegen über grüne Wiesen und Wälder, hier gibt es anscheinend nichts außer Natur. Ich fühle mich schutzlos und nackt. Von nun an wird alles anders sein, als ich es bisher gekannt habe, kein antrainiertes Verhaltensmuster wird mehr passen. Mein Zuhause wird nun für unbestimmte Zeit die Station A3 der Wicker-Klinik sein.

Ich stehe mit meinem Bett auf einem dunklen Flur, während draußen die Sonne scheint. Ein dicker Pfleger ruft quer über den Gang: »Ich habe Durst wie ein Pferd.« Wenig später reicht mir genau dieser Mensch ein Tablett mit meinem Mittagessen, das ich zwischen dem an mir vorbeiflitzenden Pflegepersonal in weißer Hose und weißer Jacke zu mir nehme. Gelegentlich vernehme ich ein Quietschen von Gummisohlen auf dem Linoleum, es klingt ein bisschen wie bei meinem letzten Basketballspiel im Grundkurs Sport vor gar nicht so vielen Wochen.

Nach gut einem Monat Bewegungslosigkeit bin ich inzwischen so schwach und abgemagert, dass ich nicht einmal den Schraubverschluss der Wasserflasche ohne Hilfe öffnen kann.

Mein Zimmer sei noch nicht fertig, heißt es. Was ist denn da fertig zu machen, frage ich mich, man muss doch nur das rollende Bett hineinschieben. Aber ich sage nichts, lieber vergieße ich ein paar heimliche Freudentränen über das Fax, das mir mein Bruder aus Berlin geschickt hat.

Ich befinde mich jetzt in einer Maschinerie, die sich sehr langsam bewegt und die mir viel Zeit und Stillstand verordnet, ob ich will oder nicht. Hier lerne ich zu warten, denn immer warte ich auf irgendetwas, einen Arzt, ein Laborergebnis, eine Untersuchung, eine Behandlung. Ein falsches, ungeduldiges Wort nach stundenlangem Warten zieht sofort den Zorn der Schwestern auf sich. Als ob sie mir zu verstehen geben wollten: »Warum so ungeduldig, was hast du denn sonst zu tun?«

In dem großen Raum liegen noch drei weitere Männer. Wir haben eine breite Fensterfront, mit Blick direkt auf einen kleinen, waldigen Hügel. Er ist vielleicht 300 Meter hoch, übt jedoch sofort eine große Anziehungskraft auf mich aus. Im Geiste wandere ich querfeldein, zwischen den Bäumen hindurch bis zur Kuppe hinauf.

Stundenlang starre ich mit Tränen in den Augen auf die Anhöhe. Immer wieder holen mich die gleichen verquälten Gedanken ein: Vor kurzem noch bin ich durch unberührtes Hochgebirge in Nordspanien gewandert, und jetzt liege ich hier in brütender Hitze unter einem dünnen Betttuch. Draußen ist Sommer, und meine Schulkollegen sind in den Abiturferien und genießen ihre Jugend, die für mich abrupt beendet ist.

Stattdessen muss ich, ob ich will oder nicht, meine Zimmernachbarn auf intimste Weise kennenlernen. Wir verbringen praktisch 24 Stunden gemeinsam auf engstem Raum. So etwas wie Schamgefühl kann man sich hier nicht leisten. Ärzte und Schwestern finden es überhaupt nicht ungewöhnlich, mich zur Untersuchung oder zur Behandlung längere Zeit nackt auf dem Bett liegen zu lassen, während sie nebenher persönliche Dinge besprechen. Privatsphäre ist für uns Patienten ein Fremdwort, Arztvisiten, Besuche und sämtliche Telefonate, alles findet auf 30 Quadratmetern statt.

Am schlimmsten sind die Chefarztvisiten. Sechs Personen in Weiß stehen dann um ein Bett herum: Chefarzt, Oberarzt, Stationsarzt, Pflegedienstleitung, Schwester und Physiotherapeut. Der Patient wird als »Fall« in der dritten Person besprochen, es wird getan, als ob er selber überhaupt nicht anwesend wäre: »Nein, er darf sich während der nächsten Wochen auf keinen Fall aufstützen, damit die Fraktur vollständig verheilt.« Keine Begrüßung, kein Auf Wiedersehen, nach der Aufzählung der medizinischen Fakten geht es weiter zum nächsten Bett. Dasselbe Spiel findet sogar vor einem leeren Bett statt, wenn sich der Patient gerade bei einer Untersuchung befindet. Der Chefarzt guckt dann beim Sprechen so intensiv auf das Bett, als könne er mit seiner bloßen Vorstellungskraft den Patienten hineinlegen. Wer weiß, vielleicht wäre der Job mit mehr Empathie nicht zu bewältigen und ohne Abgrenzung auf Dauer selbstzerstörerisch.

Bleiben also die gut gemeinten Blumensträuße, die uns die Besucher reichlich bringen. Leider können sie an der unpersönlichen Atmosphäre nichts ändern. Die mit Desinfektionsmitteln geschwängerte Luft tut ein Übriges, um das Aufkommen einer anderen als der Krankenhausatmosphäre zu verhindern. Wahrscheinlich sollte ich jedoch die Keimfreiheit dankbar bejubeln, schließlich liegt mein Immunsystem völlig am Boden.

Die Stimmung schwankt zwischen lethargisch, schicksalsergeben und latent aggressiv. Jeder von uns will sich gegen dieses bevormundende Umfeld auflehnen, aber der Impuls reicht nicht weiter, als überempfindlich jede Regung zu registrieren und jeden Satz von den Schwestern und Pflegern mit einem Spruch zu kommentieren.

Der schwergewichtige Pfleger und ich werden zu Feinden. Er mag meine langen Haare nicht. Die jungen Schwestern und die noch jüngeren Schwesternschülerinnen finden sie dagegen süß und wollen nicht, dass sie abgeschnitten werden, auch wenn das mit einem höheren Pflegeaufwand verbunden ist. Vielleicht mögen sie mich auch, weil ich der Jüngste auf der Station bin. An meinem Sexappeal wird es bestimmt nicht liegen, hilflos, abgemagert auf 65 Kilo und mit Zahnspange im Mund sehe ich eher aus wie der leidende Christus am Kreuz in kieferorthopädischer Behandlung. Die Spange wird jedoch bald wieder entfernt, es besteht erst einmal genügend Korrekturbedarf am und im übrigen Körper.

Meine Zimmernachbarn sind schräge Vögel, noch nie habe ich mich zuvor in einem solchen Umfeld aufgehalten. Alle haben ihre ganz spezielle Unfallgeschichte, aber Karl-Heinz, genannt Kalle, vermutlich die bizarrste. Eines Nachts war er vor dem Fernseher eingeschlafen, auf dem Weg ins Bett stolperte er später über die heruntergefallene und auf dem Boden liegende Fernbedienung. Er stürzte dabei so unglücklich, dass er sich das Genick brach und das Rückenmark im Halswirbelbereich quetschte. Er redet kaum, sondern stiert ununterbrochen auf den Fernseher. Sogar wenn er schläft, sind seine geschlossenen Augen auf die Mattscheibe gerichtet. Für den Fall, dass er beim Liegen zu der abgewandten Seite schauen muss, hat er einen Handspiegel auf seinem Beistelltisch positioniert.

Bei vollständiger Beleuchtung und einem über Zimmerlautstärke hinausgehenden Geräuschpegel bleibt mir gar nichts anderes übrig, als zu lernen, mit Ohropax zu schlafen. Ich absolviere meine dreimonatige Grundausbildung nicht im Schlamm, sondern im Krüppelheim, so fühle ich mich. Beim Bund kann man abhauen, hier komme ich ohne Hilfe keinen Schritt weit.

Waschen, tupfen, pflegen

Der Krankenschwester meine ich gleich die geborene Helferin anzusehen. Sie sieht gut aus, hat liebe, sanftmütige Augen, feuerrot gefärbte schulterlange Haare und ein paar Kilo extra auf den Hüften.

Sie begrüßt mich: »Hallo, ich bin Connie und für dich zuständig«, nimmt dann die Decke zur Seite und beginnt mich zu waschen. Sie schüttet dabei eine giftgrüne Waschemulsion in eine silberne, mit warmem Wasser gefüllte Schale, nimmt einen Waschlappen und streicht mir über die Haut. Die Seifenreste wischt sie mit einem Handtuch weg.

Das hätte ich mir nie vorstellen können, in einer neutralen Situation völlig nackt vor einem gleichaltrigen Mädchen zu liegen und im Intimbereich gewaschen zu werden. Das Waschen dauert nicht lange, aber anstatt mich wieder zuzudecken, rennt sie plötzlich aus dem Raum.

Ich kann und will nicht so tun, als sei es das Normalste von der Welt, vor drei fremden Männern und jedem, der in den Raum kommt, nackt dazuliegen. Schon stürmt sie wieder mit einem Karton Desinfektionsmitteln und sterilen Handschuhen unterm Arm ins Zimmer zurück. Sie reißt den Karton auf und schüttet Desinfektionsmittel in einen kleinen Behälter mit Tupfern. Völlig unvermittelt greift sie nach meinem Penis, streift die Vorhaut zurück und streicht mit den Tupfern über die Eichel. »Ich muss dich jetzt katheterisieren, weil dein Dauerkatheter entfernt wurde. In wenigen Wochen kannst du das allein, aber zunächst machen wir das hier viermal am Tag.« Das letzte Mal würde die Prozedur jeweils um Mitternacht stattfinden.

An eine durchgehende Nachtruhe ist nicht zu denken, denn um vier Uhr morgens kommt die Nachtschwester, die uns alle umlagert, um Druckstellen der Haut zu vermeiden. Wir werden gezwungen, im Vier-Stunden-Rhythmus eine andere Position einzunehmen.

Und ich bin dankbar dafür. In Berlin gaben die Pfleger aus falschem Mitleid meinem Gejammer nach und erlaubten mir, zu lange auf dem Rücken zu liegen. Dabei drückte der Schlauch einer Dränage auf eine Hautstelle am Schulterblatt, die dadurch abstarb. Eine pflaumengroße Druckstelle, die partout nicht mehr heilen wollte. Mit Hilfe einer Operation wurde die Stelle schließlich geschlossen. Die Spätfolgen sind heute eine Skoliose, eine schlechtere Sitzhaltung und eine ungleichmäßig entwickelte Schultermuskulatur bei mir.

Connie will in Berlin studieren und nur noch ein paar Monate hier arbeiten. Wir verstehen uns blendend, haben den gleichen Musikgeschmack und auch beide Abitur. Eine Gemeinsamkeit, der ich anfangs überhaupt keine Bedeutung beimesse. Das Motto meines Jahrgangs war »Abi Tour«, und jeder bekam zur Feier ein T-Shirt, auf dem die zwei Worte in Großbuchstaben aufgedruckt waren. Ich denke bei Tour natürlich an eine große Rock-Welttournee und trage das T-Shirt deshalb auch jetzt auf der Station andauernd.

Die übrigen Schwestern reagieren äußerst reserviert auf mich, und endlich erklärt mir eine von ihnen, weshalb: »Felix, du musst nicht dauernd heraushängen lassen, dass du Abi hast!«

Völlig verblüfft lasse ich das T-Shirt im Schrank verschwinden. Mit den Pflegekräften will ich es mir bestimmt nicht verscherzen! Auf ihren guten Willen bin ich angewiesen, rund um die Uhr.

Mit meinen Verhaltensweisen ecke ich immer wieder an. »Was ist das denn für eine neue Tablette?«, will ich von der Schwester einmal wissen. »Könnte ich den Beipackzettel lesen, bitte?« Sie rennt raus und knallt die Tür hinter sich zu. Ich will meine Situation und die dahinter liegenden Prozesse verstehen. Das kostet Zeit, stört Routineabläufe. Außerdem mische ich mich in fremde Kompetenzen ein.

Ich gehe meine Querschnittlähmung kognitiv an, wie es mir mein Stationsarzt rät. Mein Ziel ist klar: Spätestens am Entlassungstag möchte ich beginnen, in meiner eigenen Wohnung zu leben – allein.

Meiner Familie ist die Erleichterung darüber anzumerken, wie konstruktiv ich meine Situation angehe. Manchmal frage ich mich allerdings, ob ich mit meinem Ehrgeiz, meine Situation auch in medizinischer Hinsicht vollkommen zu verstehen, vielleicht in erster Linie auf Anerkennung von meinem Vater hoffe? Er klopft mir bei jeder kleinen Fertigkeit, die ich wiedererlerne, bewundernd auf die Schulter: »Toll, wie du das machst, mein Junge. In der Familie erzähle ich immer, mit welchem Kampfesgeist du die Situation angehst.«

Bei den Pflegern behalte ich den Ruf eines schwierigen Patienten, der alles besser zu wissen meint. Dabei sind gerade sie es, vor denen ich zunehmend Respekt bekomme. Noch vor wenigen Wochen hätte ich mich für Pflegeberufe oder für die Tätigkeit eines Physiotherapeuten überhaupt nicht interessiert, arrogant hätte ich den Blick auf vermeintlich »Wichtigeres« gerichtet. Aber nun beeindruckt mich die Hingabe, mit der jeder Einzelne von uns hier versorgt wird, zutiefst.

Besonders hat es mir eine Nachtschwester angetan, die immer mit sanftmütigen Augen ans Bett herantritt, um zu prüfen, ob alles in Ordnung ist. Sie schwebt von Bett zu Bett und verliert nie ein negatives Wort über einen Patienten. Im Gegenteil, sie scheint jedes Schicksal mitzufühlen, ohne sich dabei selbst zu verzehren. Was für ein harter Beruf, denke ich mir. Ständig geben zu müssen, psychisch und physisch, und das zu unregelmäßigen Arbeitszeiten und für einen Hungerlohn. Ich spüre aufrichtige Dankbarkeit.

Knirschen unter den Rädern, Gerüche in der Luft

Fast jeden Tag stehe ich im Dunkeln auf. Ohne meinen Glauben und das kurze Dankgebet, das ich nach dem Aufwachen spreche, käme ich morgens wahrscheinlich nie aus dem Bett, geschweige denn vor die Tür. Aber so ist es leicht. Frische Luft, ein weiter Blick, Bewegung warten auf mich.

Ein Mitpilger hilft mir die lange schmale Außentreppe der zentral gelegenen Herberge am Plaza de España hinab, während wir von einigen dort sitzenden Spaniern genau beobachtet werden.

»Carbrones«, flucht er, »sie könnten uns ruhig helfen, anstatt wie im Kino dazusitzen.«

Tatsächlich beobachten sie uns mit einem Gleichmut, als ob sie vor wenigen Minuten einen Tranquilizer eingeworfen hätten. Mit langsamen Bewegungen führen sie ihre Zigarette zum Mund und lassen die Blicke auf uns ruhen. Ihre Unterhaltung ist verebbt.

Die steile Treppe mit ihren zu kurzen Stufenabsätzen hat es in sich. Ihr Ende ist in der Dunkelheit kaum auszumachen, und der auf den Hinterrädern balancierte Stuhl wankt bei jeder Stufe vor und zurück.

Nicht loslassen!, übe ich mich zur Abwechslung mal in telepathischen Beschwörungen und versuche, dem ungeübten Helfer hinter mir fest zu vertrauen. Was passiert, wenn er stolpert oder ein Haltegriff am Rollstuhl abbricht? Keine besonders hilfreichen Gedanken in diesem Moment und an diesem frühen Morgen.

Es ist kühl, die Bars sind gefüllt mit Menschen, die mich anstarren, wie ich auf der kleinen Straße Richtung Ortsausgang vorbeirausche. Oft erinnern mich die bohrenden Blicke an die besondere Form meiner Fortbewegung und zwingen mich gewaltsam in die Realität zurück.

Unmittelbar nach den letzten Häusern des kleinen Ortes endet die schwarze geflickte Asphaltstraße. Ab jetzt sind meine Wahrnehmungen reduziert auf Staub, braun, gelb, hart und trocken. Dazu kommen das Knirschen unter den Rädern, die Gerüche und das wechselnde Wetter, die wieder zu festen Bestandteilen meiner Pilgerreise geworden sind, wie schon bei meinen früheren Wanderungen.

Von der ersten Anhöhe aus erkenne ich in weiter Ferne die einzige Spur der Zivilisation. Cañaveral, mein Tagesziel, hebt sich in den ersten Sonnenstrahlen von einem Bergrücken ab. Der Ort scheint zum Greifen nahe, mit einem Auto wäre die Distanz in einer halben Stunde zu bewältigen. Ich benötige dafür mindestens einen Tag.

Kühe starren mich an, ich unterhalte mich damit, eine gewisse Ähnlichkeit mit den unverhohlenen Blicken der Dorfbewohner heute morgen zu erkennen. Ich muhe sie an, keine Reaktion. Stille. »Venga«, »auf geht's, los«, rufe ich, aber es blicken nur ausdruckslose Gesichter mit mahlenden Kiefern konsterniert zurück. Vielleicht sollte ich das nächste Mal einen Hund mitnehmen, dann habe ich jemanden um mich, der auf mich eingeht und mich vielleicht sogar die Berge hochzieht.

Eine Gruppe von acht spanischen Radfahrern hält an. Ich sitze auf dem steinigen Boden am Wegrand und pumpe Luft in den platten Reifen. Er verliert langsam Luft, aber ich habe keine Lust, ihn zu flicken, solange es auch mit gelegentlichem Aufpumpen getan ist. Sie wollen helfen, und einer von ihnen pumpt keuchend ein paar extra

Bar in den Schlauch. Schon gestern haben sie meine Spuren gesehen, konnten sich aber auf die parallelen Spuren keinen Reim machen. Das scheint typisch für Radfahrer zu sein, denke ich und erinnere mich an die Begegnung vom ersten Tag.

Schnell noch ein pixeliges Foto mit der Handy-Kamera, und sie fahren winkend und so schnell, wie sie gekommen sind, weiter.

Mir fällt auf, dass die Mehrzahl der Pilger, die auf der Vía de la Plata unterwegs sind, aus Spanien kommen. Es scheint eine enge Bindung der Spanier zu ihrem Land zu bestehen.

Der Weg zwischen den Feldern ist hart und eben, der Blick erstreckt sich über hügelige Weidelandschaft bis zum Horizont. Die Flächen sind abgegrast, sie sind entweder stoppelig grün oder braun verbrannt.

Die Umgebung ist nicht spektakulär, verkommt aber auch nicht zur bloßen Kulisse. Es ist eine Landschaft, die zum Singen einlädt,

Tierische Zaungäste

Im Comic würde Obelix die Meilensteine wegtragen

weil sie keine besondere Konzentration für den Weg einfordert. Eine Reise nach innen, ermöglicht durch eine Reise im Außen.

Römische Meilensteine stehen versteckt in Grassenken. Kein besonderes Schild weist auf die tonnenschweren Wegmarkierungen oder auf die historische Bedeutsamkeit der jahrhundertealten, ausgeschliffenen Spur hin, die so lange Zeit nur Füßen und Hufen gehört hat und erst viel später dann Rädern. Diese Beiläufigkeit gefällt mir.

Abrupt hört der ruhige Weg auf. Auf einer stark befahrenen Nationalstraße geht es steil in ein Tal hinunter. Ein plötzlicher Tempowechsel von Andante zu Presto. Von der tellerartigen Ebene aus war der tiefer gelegene Tajo-Stausee nicht zu erkennen gewesen. Wie im Reflex wünsche ich mir wieder eine Brücke herbei, manche Gedanken sind einfach nicht abzuschütteln.

Ich rase auf dem verwitterten Seitenstreifen nach unten, an mir donnern im Sekundentakt, aber vor allem auf Tuchfühlung Schwertransporter vorbei. Der Lärm umschließt mich wie eine Dunstglocke. Die Auspuffe scheinen mir sämtliche Abgasvarianten der modernen und der nicht so modernen Autoindustrie ins Gesicht zu pusten. Da ist es ein richtiges Erlebnis, zwischendurch, auf Augenhöhe mit den Radnaben, immer mal den deftigen Gummigeruch der Reifen in die Nase zu bekommen.

Der Luftsog der vorüberfahrenden Trucks reißt meinen Stetson-Hut mit, ich ziehe ihn fest über beide Augenbrauen. Manchmal verlasse ich den Standstreifen, liegen gebliebene Unfallteile, ein Kühlergrill oder Kunststoffreste versperren mir die Spur. Jedes Mal meine ich schon das schrille Quietschen von Bremsen in meinem Nacken zu spüren, von Bremsen, die tonnenschwere Gefährte keineswegs sofort zum Stoppen bringen.

Ein tellergroßes Schild grüßt unauffällig am Straßenrand den vorbeifahrenden Fahrzeuglenker. Pilger sind darauf gemalt, »Peregrinos« steht darunter. Wie hilfreich, beinahe hätte ich es vergessen.

Die Brücke über den Tajo-Stausee lädt zu einem Bungee-Jump in die Tiefe ein, tief unten glänzt die glatte, im Sonnenlicht stahlblaue

Wasseroberfläche. Für eine Meditation oder nur ein kurzes Innehalten ist es hier leider viel zu gefährlich, die Brücke vibriert und der Fußgängerpfad ist so schmal, dass der linke Reifen genau auf dem Rand läuft. Adrenalin pur, das exakte Gegenteil von dem, was ich noch vor ein paar Minuten in der Landschaft erlebt habe.

Dennoch fühle ich mich beschützt und spüre gerade in solchen Momenten, dass ich nicht allein bin. Alles ist gut, ohne den geringsten Zweifel. Auf der Hochzeit meines Bruders habe ich ein Kapitel aus Prediger vorgelesen, das die Byrds in einem großartigen Song vertont haben: »Alles hat seine Zeit, Schweigen hat seine Zeit, Reden hat seine Zeit, Lieben hat seine Zeit, Hassen hat seine Zeit, Steine Sammeln hat seine Zeit, Steine Werfen hat seine Zeit.« Die letzte Passage ergänze ich im Geiste um ein Zitat aus dem Film »Forrest Gump«. Rainman und Jenny besuchen das verlassene Haus ihres misshandelnden Vaters, sie sammelt voller Verzweiflung Steine und schleudert sie gegen das verwitterte Holzhaus: »Manchmal gibt es gar nicht genug Steine, die man werfen kann.«

In dunkler Nacht

Linker Hand sehe ich ein allein stehendes, heruntergekommenes Haus. Es liegt abseits der Straße, nur ein Schotterweg führt zu ihm. Vor dem Holzhaus stehen zwei unabgeschlossene Mountainbikes, und ein 40-jähriger schlanker Mann mit vollem längerem Haar schlendert breit lachend auf mich zu. Er begrüßt mich auf Spanisch mit starkem holländischem Akzent. Augenzwinkernd auf die Besatzungszeit im Zweiten Weltkrieg anspielend, antworte ich, dass ich nicht gekommen sei, Fahrräder zu klauen. (Die Nazis hatten in Amsterdam alle Fahrräder konfisziert, um die mangelnde Kooperationsbereitschaft der Bevölkerung zu bestrafen. Seitdem kursieren entsprechende Witze unter den Holländern.)

Er antwortet jetzt lächelnd auf Deutsch: »Das ist aber ein sehr alter Witz.« Vor der Herberge hüpft ein kleiner Hund hektisch hin

Maarten, Anders und Rocco

und her. Er hat noch nie einen Rollstuhl gesehen und bellt unaufhörlich.

Das Haus dürfte seine beste Zeit hinter sich haben. Die mit Lamellen besetzte Tür hängt schief in den Angeln, die Fassade wirkt matt und staubig, eine Schicht feinsten Pulvers scheint jedes Farbpartikel besetzt zu haben. Wie bei Schuhen nach einer langen staubigen Wanderung ist die Originalfarbe kaum zu erahnen.

Als ich eintrete, gewöhnen sich meine Augen nur langsam an das gedämpfte Licht. Verstreut stehen nicht zusammen passende Dinge herum. An einer Wand befindet sich ein großer Bierkühlschrank, in der Mitte des Raumes steht ein dunkler Tisch mit vielen Stühlen, überall liegt Werkzeug verstreut. Die milchigen Scheiben sind bestimmt schon seit Jahren ungeputzt, der Blick auf den Stausee ist hinter trüben Schlieren nur zu erahnen. Zur Straßenseite gibt es keine Fenster, so sind die Räume wenigstens lärmgeschützt. In der Multimedia-Ecke befindet sich ein Internet-Zugang, auf dem Boden liegt eine CD-Sammlung.

Flankiert wird der Raum durch eine Bar, auf die ich direkt zusteuere. Erst vor zwei Monaten, erfahre ich, haben Maarten und seine Freundin Linda das lange leer stehende Haus inklusive dem bis zum See reichenden Grundstück erworben. Sie planen, von hier aus Touren durch die Extremadura anzubieten.

Wir trinken Amstel-Bier. »Wie passend«, kommentiere ich, aber mein Gastgeber brummt etwas von bestem Preis-Leistungs-Verhältnis und findet meine Bemerkung wenig geistreich. Seine ruhige und fröhliche Art ist für mich eine Wohltat nach dem Lärm der letzten

400 quälende Meter – in endlosen 20 Minuten

Stunden. Ohne Scheu fragt er mich, wie ich auf dem Weg zurechtkomme, und stellt dann nur noch technische Fragen über Ausrüstung und Ausstattung des Rollstuhls.

Ich fühle mich spontan wohl, möchte bleiben und mich einfach erholen. Meine innere Stimme rät mir auch, hierzubleiben, und Maarten bestärkt mich : »Heute Abend kommt Linda, dann sind wir zu dritt.«

Ich aber bin versessen auf noch mehr Kilometer, ich will noch weiterkommen. Maarten gibt mir seine Visitenkarte mit, falls ich einmal auf den nächsten hundert Kilometern Hilfe benötigen sollte. Wir sind uns sympathisch, lachen beide und versichern uns gegenseitig, dass dieser Fall bestimmt nicht eintreten wird. Wenig später schon schiebe ich mich wieder den steilen, felsigen Weg auf der anderen Seite der Straße hoch.

Mit meiner Entscheidung, noch einmal aufzubrechen, pokere ich hoch. Bis Einbruch der Dunkelheit bleiben mir noch etwas über vier Stunden. Ich rede mir ein, dass ich gut vorankommen werde. Im Grunde meines Herzens weiß ich es besser, weiche aber nicht von dem gefassten Entschluss ab. Mit Willenskraft erreicht man auf dem Jakobsweg, wie auch sonst im Leben, sehr viel, aber im Einklang mit sich, seiner Intuition folgend, gehen die Dinge leichter und glücklicher von der Hand.

Bereits auf den ersten 400 Metern komme ich nur zentimeterweise voran. Als ich zurückblicke, bemerke ich, dass mir die Bauarbeiter vom Haus aus nachsehen und sich sogar mit dem Finger an die Schläfe tippen, wie ich mit dem Oberkörper auf den Knien liegend mich den steilen Hang hinaufschiebe. Ich hätte mir viel Zeit erspart, wenn ich wenigstens für dieses kurze Stück um Hilfe gebeten hätte.

Trotz schmerzender Handgelenke stelle ich mit Genugtuung fest, dass ich seit Beginn der Wanderung deutlich kräftiger geworden bin. Noch vor einer Woche wäre ich hier nie und nimmer hinaufgekommen.

Von der Anhöhe aus kann man die Nationalstraße sich zwischen den Bergzügen und dem Stausee lautlos entlang schlängeln sehen. Grabesstille.

Als ob der Weg durch eine Kiesgrube führt, besteht der Untergrund im weiteren Verlauf nur aus faustgroßen Steinen. Jeder Meter erfordert vollste Konzentration. Nur ein Moment der Unachtsamkeit, und die verhakten Vorderräder stoppen das Gefährt abrupt. Meine Wahrnehmung ist voll auf den Weg direkt vor mir gerichtet, größere und kleinere Steine muss ich rechtzeitig erkennen und umfahren.

Ich fühle mich dem Weg ausgeliefert, er diktiert mir die Gedanken und Gefühle. Alles in mir sträubt sich, ich will mein Glücksgefühl zurück, sofort! Aber das lässt sich nicht herbeizitieren. »Glück kann nie ein Ziel, sondern immer nur ein Weg sein«, habe ich einmal gelesen. Der gute alte Aristoteles hilft mir hier nicht wirklich weiter.

Ein Radfahrer ruckelt die Piste grüßend an mir vorbei, auch er kann es sich nur für einen kurzen Augenblick erlauben, den Blick von dem unebenen Weg zu nehmen. Wenige Augenblicke später ist er schon wie vom Erdboden verschluckt.

Wann kommt endlich Cañaveral? Wut steigt in mir hoch. Was sich über Stunden der Anstrengung aufgestaut hat, entlädt sich mit einem Mal. Der Weg wird zur Projektionsfläche meines gesamten Frusts und des aufgestauten Schmerzes. Ich tobe, spucke auf ihn, verachte ihn. Ich meinte es besser zu wissen, im entscheidenden Moment habe ich meiner Intuition nicht vertraut, und jetzt verfluche ich die Konsequenzen. Es gibt niemanden, den ich dafür verantwortlich machen kann, nur mich selbst.

Die Sonne ist mittlerweile untergegangen. Mein Etappenziel liegt in 800 Metern Entfernung in einem rötlich eingefärbten Tal, in der Dämmerung gehen Kinder neben mir von ihrem Fußballplatz nach Hause. Was der romantische Ausklang eines mit extremen Emotionen gefüllten Tages sein könnte, offenbart sich jetzt als Albtraum. Von dieser Stelle aus geht es auf einem alpinen Pfad steil bergab, doch später schlängelt sich der Weg gleich wieder hinauf. Nur wer hier übernachten will, geht zu den Häusern hinab, die Pilgerspur führt über die Anhöhe weiter in Richtung des nächsten Dorfes. Im Wanderführer hatte ich keine Warnung gelesen, sonst wäre ich – wer weiß! – vielleicht bei Maarten geblieben.

Panik. In wenigen Minuten ist es so dunkel, wie es nur in richtig einsamen Gegenden dunkel werden kann. Ich bin allein, niemand hört mein Rufen, niemand sieht, wie ich die Polizeiweste hin und her schwenke. Wer vermutet um diese Uhrzeit an dieser Stelle auch schon einen in gewisser Weise eingeschlossenen Menschen?

Ich rufe die Bar im Ort an, dort befindet sich die Herberge, zu der ich will, und bitte um Hilfe.

»Silla de ruedas, si, y que es la problema?«, lautet die Antwort und mir ist klar, dass man mich nicht verstanden hat. Habe ich plötzlich einen so starken Akzent?

Das Display meines Handys teilt mir zu allem Überfluss auch noch freundlicherweise mit: Akku fast leer. Sollte ich doch versuchen, in dieses Dorf hier hinunterzugelangen? Aber was passiert, wenn ich stürze? Vor morgen früh findet mich hier bestimmt niemand.

Maarten! Das ist die Lösung. Als ich es bei ihm versuche, schaltet sich nur der Anrufbeantworter ein. Jeden Moment kann sich mein Handy verabschieden, ich könnte vor Ohnmacht und Wut aus dem Rollstuhl fahren. Ein letzter Anruf in der Bar, ich wiederhole nur zwei Worte: »Rollstuhl« und »Hilfe«, aber es ist laut im Hintergrund und die Antwort ist nicht zu verstehen. Frustriert lege ich auf. Mittlerweile ist es vollständig dunkel.

Sollte ich hier schlafen, auf dem sandigen Boden, über mir die Milchstraße?

Das Handy klingelt. Maarten ist dran, fröhlich und unbeschwert. Ich empfinde seine Art angesichts meiner Situation schwer zu ertragen. Knapp beschreibe ich ihm die Stelle, an der ich mich befinde, dann ist das Telefon endgültig tot. Ob er mich anhand dieser Kurzbeschreibung finden kann?

Ich sehe keinen Sinn mehr darin, mich aufzulehnen, lasse eine innere Ruhe zu und sage mir, dass alles gut ist. Den Ausklang des Tages hatte ich mir zwar ganz anders vorgestellt, aber der Camino fügt sich nicht meinen Erwartungen. Offensichtlich hat er seine eigene Agenda. Und ich will wachsen, Dinge lernen, sage ich mir das nicht immer? Gut, fangen wir gleich jetzt damit an!

Ich bete. Diese Situation ist kein Zufall. Ich wusste es von Anfang an besser, habe mich jedoch für das Voranpreschen und gegen das Ausruhen entschieden. Auch diese Situation wandelt sich zu ihrem Besten, davon bin ich überzeugt. Ich bin bei dir und verlasse dich nicht, lautet das Versprechen Gottes, das ich schon unzählige Male in Anspruch nehmen durfte.

Diesen fast kindlichen Glauben festigte ich in Amerika. Aber schon als kleiner Knirps hatte ich eine enge Beziehung zum Schöpfer, ein inniger Bezug zu dem evangelischen Gott fehlte mir da freilich. Das deutsche Wettern von der Kanzel herab, das so viel Reflexion und so wenig Handlungsanweisungen beinhaltet, hielt dem Stress des Alltags auch in der folgenden Zeit meist nicht stand. Das Königreich Gottes ist nahe, hörte ich und fragte mich stets, wie nahe es denn sei. Um die Ecke, oder doch vielleicht noch ein Lichtjahr entfernt? In Amerika erfuhr ich, dass sich dieses Königreich hier und jetzt, in diesem Moment, offenbart. Es ist immer nur ein Gebet weit weg, und niemals weiter. Gott als Urkraft kann mich nicht finden, er ist schon da, ich muss es nur zulassen. Kein Jesus mehr für später einmal, sondern einer, der mich in genau diesem Moment an die Hand nimmt: Es ist gut, wie es ist, denn ich bin da. Das spüre ich kraftvoll hier auf dem Jakobsweg.

Die Intuition ist ein Geschenk, das ich annehmen kann oder nicht. Befolge ich den leisen Wink, werde ich mich im Anschluss gut fühlen. Entscheide ich mich anders, ist dies nur die zweitbeste Lösung, und zwar immer, vor allem langfristig. Gott will niemals, dass ich leide, deshalb kann ich auch ein Leben im Rollstuhl als Gnade annehmen. Schließlich hätte es in Berlin auch anders ausgehen können.

Stimmen. Maarten und Linda haben mich gefunden – ich bin erhört worden. Ich strahle sie an. Erst vor einer Woche waren sie hier entlang gewandert und wussten daher genau, von welcher Stelle ich sprach und wo ich mich befand.

Ihr Transporter steht in der Talsenke, mit brennenden Scheinwerfern, und lässt die zerklüftete Landschaft durch das milchige Licht wie ein Gemälde von Caspar David Friedrich erscheinen. Linda leuchtet uns mit der Taschenlampe den Weg, während Maarten den Rollstuhl keuchend durch den Hindernisparcours steuert. Der Pfad ist an einigen Stellen so schmal, dass ich auf einem einzigen Rad jonglieren muss, die anderen drei kratzen in der Luft schwebend am Fels entlang. Es riecht wie früher, wenn wir als Kinder Steine auf Bahngleise geschleudert haben, bis es funkte.

Das Knirschen ist so laut, dass uns Linda erschreckt ins Gesicht leuchtet. Obwohl jeder Schritt unsere volle Konzentration verlangt, blödeln wir, als befänden wir uns unter den Scheinwerfern eines Regisseurs. Zumindest wir beide können uns jetzt gut erkennen. Die Frisur sitzt.

Zum zweiten Mal trete ich an diesem Tag durch die scheppernde Saloontür. Der rebellische Hund vom Nachmittag ist zutraulich geworden. Rocco, so heißt er, gehörte sozusagen zum Inventar und wurde zusammen mit Haus und Grundstück erworben.

Zu dem Raum, den ich bekomme, führt der Weg durch das Wohnzimmer. Maarten informiert mich, dass dort sein eigener Hund, Anders, liege. »Nicht erschrecken«, sagt er lachend und öffnet die Tür. Schaf wäre die angemessenere Bezeichnung für das Tier. Auf Augenhöhe werde ich von einem zotteligen Leonberger begrüßt, der versucht, mich abzuschlecken. Als er seine Pfoten auf meinen Schoß legt, wirft mich sein Gewicht fast um. Zum wievielten Mal eigentlich schon an diesem Tag?

Meine Katze

Heute Nacht also doch ein Zimmer mit frisch bezogenem Bett, dafür ohne Sternenhimmel. Wunderbar! Im Bad hängen weiche Handtücher, am Waschbecken liegen kleine Seifen und Shampoos von Hotels wie Kempinski und Hyatt Regency. Linda bringt sie von ihren Flugreisen mit. Meine gesamte Reiseausrüstung kann also im Rucksack bleiben. Das ist auch besser so, der lange Riss entlang des Reißverschlusses mahnt mich eindringlich, das Ganze entweder zu reparieren oder nicht mehr anzufassen.

Mit Wein stoßen wir auf meine glückliche Rettung an und improvisieren ein Essen zu dritt. Die beiden hatten an diesem Abend keinen Besuch mehr erwartet, und auf Gästebetrieb sind sie noch gar nicht eingestellt. Eigentlich auch nicht auf Pilger. Als sie das Haus kauften, sagte ihnen die Vía de la Plata überhaupt nichts. In Holland betreiben sie eine große Internet-Reiseagentur für Irland und wollen nun das Gleiche für Spanien gründen: www.travelextremadura.com.

Völlig unvermittelt beginnt Maarten von seiner früheren Frau zu erzählen, die aufgrund von Muskelschwund die letzten Jahre ihres Lebens im Rollstuhl verbrachte. Als sie starb, war er selbst wie gelähmt und hätte die Wohnung nie verlassen, wenn nicht sein »Schaf« fortwährend gejault hätte, um ausgeführt zu werden. An den Tagen, an denen es ihm besser ging, war Anders dann wie ausgewechselt und ließ ihn in Ruhe.

Unser Kennenlernen und die erfolgreiche Rettungsaktion berauschen uns an diesem Abend. Linda spricht über ihren Beruf als Flugbegleiterin mit angenehmer Selbstironie. Mit »stumpf ist Trumpf« beschreibt sie ihre Kolleginnen und erzählt einen typischen Airlinewitz: Woran erkennst du eine Flugbegleiterin auf einer Party? Sie isst alle Häppchen nur halb und wischt sich an den Gardinen die Hände ab. Und woran erkennst du einen Flugkapitän? Gar nicht, er wird's dir sagen.

Ich fühle mich ausgeglichen, endlich ruhe ich wieder in mir, wir unterhalten uns bestens und ich könnte noch lange so weitermachen. Meine Vernunft rät mir jedoch, ins Bett zu gehen. Es ist fünf Uhr morgens. So glücklich wie hier habe ich mich auf der Vía de la Plata erst selten gefühlt.

Als ich aufwache, ist es fast Mittag. Träume ich? Bin ich wirklich zweimal hier vorbeigekommen, verbunden mit einer Rettungsaktion, die ich so schnell nicht vergessen werde?

Maarten klopft und fragt, ob ich irgendetwas aus dem Dorf mitgebracht haben möchte, in das er jetzt kurz fährt. Als ich nur den

Kopf schüttle, erklärt er, dass ihre Katze Junge bekommen habe und sie eins davon Felix nennen werden. »So bleibst du irgendwie bei uns, Pilger!«

Das Haus duftet nach frischgebackenem Brot. So einfach kann man eine häusliche Atmosphäre schaffen, denke ich. Meine Mutter backte immer Brot, wenn bei einem bevorstehenden Jobwechsel meines Vaters das Haus wieder einmal verkauft werden sollte und potentielle Käufer an die Tür klopften.

Lindas Frage, ob ich eine weitere Nacht bleiben will, freut mich. Aber ich will lieber weiter. Gestern habe ich mich wider besseres Wissen weitergetrieben, das ist heute anders. Intuitiv weiß ich, dass es gut ist, weiterzugehen. Jeden Abend ein anderes Bett, dieser Maxime will ich treu bleiben. Ob ich mir Jessicas feurige Blicke, als ich das in Barcelona sagte, jetzt nur einbilde? Vielleicht hätte ich doch die Hopfendragees mitnehmen sollen.

Maarten kommt aus dem Dorf zurück und erzählt, die Guardia Civil habe gestern Nacht nach einem verschollenen Rollstuhlfahrer gesucht. Der vorbeifahrende Radfahrer muss wohl abends in der Bar von unserer kurzen Begegnung berichtet haben. Mein Hilferuf per Handy wurde dadurch doch ernst genommen und die Polizei alarmiert. Im Laufe des Tages werden meine Gastgeber die Guardia Civil über meinen Verbleib informieren. Zunächst setzen sie mich aber dort ab, wo sie mich gestern aufgelesen haben.

Kaum sind die beiden fort, springen direkt vor mir zwei Polizisten in der Mittagssonne aus ihrem Auto und bedeuten mir, zu stoppen. »Todo bien«, versuche ich sie zu beschwichtigen, aber ich bemerke an ihrem bestimmten Auftreten, dass irgendetwas faul ist in der Provinz Extremadura. Woanders hätte ich mir jetzt ernsthaft Sorgen gemacht, doch hier blicke ich zwar in besorgte, aber dennoch freundliche Gesichter. Wenige Minuten später wäre ich auf einen einsamen Feldweg eingebogen und hätte stundenlang keine Menschenseele mehr zu Gesicht bekommen.

Zwei weitere Polizeiwagen kommen hinzu, und sechs freundliche

Polizisten erklären mir nun, dass sie mich die ganze Nacht über gesucht und schon Schlimmes befürchtet hätten. Der Gruppenführer spricht gut Englisch, und ein schlechtes Gewissen überkommt mich, wie sie alle mit ihren staubigen Schuhen abgekämpft vor mir stehen. Haarklein wird die Rettungsaktion von Linda und Maarten aufgenommen, und mir klingen Maartens Worte von heute Morgen im Ohr: »Ein bisschen lokale Publicity ist sicherlich nicht schlecht für uns.«

Aber ich komme einfach nicht los, keiner macht irgendwelche Anstalten, mich wieder meinem Schicksal zu überlassen. Sie ermahnen mich eindringlich, bei einer ähnlichen Situation die nationale Notfallnummer der Guardia Civil »062« zu wählen, »dort spricht man auch Englisch«. Als Nächstes müsse ich erst mal in das örtliche Centro Medico zum Check, das sei gesetzliche Vorschrift.

»Mir geht es gut, danke für all die Mühe, vielleicht kann man ja eine Ausnahme machen und ich verschwinde ganz still auf meinem Weg«, starte ich einen letzten Versuch, mich doch noch aus dem Staub zu machen, natürlich erfolglos. Gesetz ist Gesetz und da verstehen die Spanier offenbar noch weniger Spaß als ihre deutschen Kollegen. Im Auto sitzend, eskortiert von einer Polizeistreife, wird mir klar, dass die heutige Etappe deutlich kürzer ausfallen wird als geplant.

Das Centro Medico ist unbesetzt. Nach längerem Telefonieren stellt sich heraus, dass der diensthabende Arzt Siesta macht, ebenso die Helferin. Die drei Polizisten schütteln lachend den Kopf, »esta España«.

Der Arzt erscheint bald darauf, gutgelaunt. Er hat offensichtlich nicht über zu hohe Auslastung zu klagen und nimmt sich entsprechend viel Zeit für die Untersuchung. Vielleicht hat er am Abend dann eine Geschichte von einem verrückten Deutschen zu erzählen … Als er meine Hände betrachtet, schreckt er allerdings auf und bittet die Arzthelferin, sie zu desinfizieren, was sie hingebungsvoll tut. Er rät mir dringend, die Handcreme zu verwenden, die er mir ärztlich verordnet.

Beim Abschied versammeln sich der Arzt, seine Helferin und die

Danke, Guardia Civil España!

Polizisten vor dem Gesundheitszentrum und winken, wie man sich von einem Familienmitglied verabschiedet. Esta España, olé.

Im Rollstuhl

Der erste Schritt zu einem selbständigen Leben nach dem Unfall besteht darin, mobil zu sein. Und das heißt: Rollstuhl. Ich konnte mir nie vorstellen, in einem solchen Omi-Chopper zu sitzen, und jetzt in der Klinik kann ich es immer noch nicht. Als das erste Mal so ein leeres Ding an mein Bett herangeschoben wurde, habe ich es fassungslos angestarrt. Für so ein unhandlich wirkendes, silbrig glänzendes Gefährt war in meinem Leben bisher kein Platz.

Die Physiotherapeutin lässt sich von meiner Abwehrhaltung nicht im Geringsten abschrecken und hievt mich zusammen mit einer Krankenschwester in das wacklige Ding. Eine ganz neue Perspektive: Überragte ich früher mit meinen 1,90 Metern die meisten Menschen, befinde ich mich jetzt auf der Höhe von Brust oder Hintern.

Diese neue Position ist aber aus einem anderen Grund nicht auszuhalten. Seit Monaten liege ich im Bett, und mein Kreislauf hat sich auf die liegende Position eingestellt. Ich kollabiere, werde blass und muss schleunigst wieder zurück in die Horizontale.

»Wir werden für das Sitztraining nun täglich die Zeit steigern, damit du bald selbständig zu mir in die Behandlungsräume kommen kannst. Jetzt machen wir erst mal ein paar Dehnübungen«, erklärt Jenny resolut und ergreift mein rechtes Bein. Von mir aus hätte sie auch an einem Holzbrett herumhantieren können, es hätte sich genauso angefühlt.

Jenny ist drei Jahre älter als ich, sehr attraktiv und lächelt viel. Anscheinend macht ihr der Beruf sehr viel Freude. Ihre braunen Augen haben etwas sehr Mitfühlendes und passen perfekt zu ihrem braunen gelockten Haar.

»Wir sehen uns nun täglich«, sagt sie und verlässt das Zimmer nach 45 Minuten. Den Rollstuhl nimmt sie wieder mit, ohne Hilfe kann ich sowieso nichts damit anfangen.

Oft besuchen mich Freunde und Verwandte, und obwohl ich mich sehr darüber freue, spüre ich immer einen tiefen Schmerz. Sie laufen unbeschwert herum, und ich kann mich nicht einmal allein in diesem dreizehn Kilo schweren Ding bewegen, sondern benötige bei tausend Handgriffen Hilfe.

»Ich konnte mir nie vorstellen, dich einmal im Rollstuhl zu sehen«, bemerkt Marius, den ich vor zwei Jahren auf einem Surf und Bike Camp kennengelernt hatte.

Wie zu alten Zeiten trinken wir in der Sonne Bier, nur diesmal eben in einer mickrigen Grünanlage vor dem Krankenhaus. Er arbeitet als Rettungssanitäter, in seiner Gegenwart fühle ich mich sicher. Das Bier macht mich müde, das Sitzen im Rollstuhl wird zur Tortur. Kurzerhand wirft er mich nach hinten um, und ich liege in sitzender Position im Rollstuhl im Gras, die Knie über der Brust und die Füße in der Luft. Er legt sich daneben und wir schlafen kurz ein, vorbeilaufende Patienten gucken verwundert, keiner sagt etwas.

»Das Ding muss doch wie ein Kettenhemd für dich sein«, sagt er zu mir. Dabei habe ich noch gar keine rechte Vorstellung davon, wie eng dieses Korsett in Zukunft sein würde, denn noch befinde ich mich in einem absoluten Schutzraum. Sämtliche Einrichtungen sind barrierefrei erreichbar und jeder der eintausend Mitarbeiter der 200-Betten-Klinik ist perfekt geschult im Umgang mit Menschen mit Behinderungen. Es gibt keine peinlichen Situationen, bei einem Sturz aus dem Rollstuhl ist sofort fachkundiges Personal zur Stelle und hilft.

Eine unwirkliche Welt, deren Existenz ich nie erahnt hätte, als Motorradfahrer hatte ich dieses mögliche Szenario verdrängt. Mein Leben ist ohne Vorwarnung von einem auf den anderen Moment vollständig umgekrempelt worden.

Oft stehe ich neben mir und beobachte die Situation aus einer »normalen Perspektive«. Um halb sieben ist die mehrfach unterbrochene Nachtruhe endgültig beendet. Zwei oder drei Pflegende treten in das Zimmer ein und beginnen mit ihrer Arbeit.

Zweimal pro Woche ist die Situation besonders surreal. Wie in einem Monty Python-Film weckt mich der Pfleger um halb sieben mit den Worten: »Heute ist Abführtag«, und stellt mir einen Cocktail mit Abführmitteln auf den Beistelltisch. Darmtraining nennt sich das, der Darm soll konditioniert werden, sich willentlich zu festen Zeiten zu entleeren, denn er gibt keine Füllstandsanzeige ans Gehirn mehr ab. Der krankenhaustypische Geruch von Desinfektionsmitteln, Seife, Urin, Verbandsmitteln und Salben wird an diesen Tagen ergänzt um die Note von vollen Windeln.

Meine Cousine fragt mich einmal entgeistert: »Sind Abführmittel nicht schädlich für den Darm?« Recht hat sie, denke ich, kann mich aber doch nicht bremsen zu antworten: »Ich glaube, eine Querschnittlähmung ist generell schädlich für die Gesundheit, Liquidipur hin oder her …«

»Es wird zirka drei Jahre dauern, bis auch Ihr Kopf im Rollstuhl angekommen ist«, erklärt mir einmal einer der Ärzte. »Erst dann werden Sie den Rollstuhl vollständig akzeptiert haben.« Ich habe mir damals nicht vorstellen können, dass dieser Tag jemals kommen würde.

Ich empfinde es als extrem mühsam und ineffizient, im Rollstuhl vorwärtskommen zu müssen. An jedem Berg rollt das Ding immer wieder zurück und ich merke, dass Hände nicht zum Gehen gemacht sind. Aber ich will mich in dieses neue Thema auch überhaupt nicht hineinfinden. Als ich zum ersten Mal zu einem Treffen von Rollstuhlfahrern komme, bemerkt ein Rollstuhl-Veteran zu den anderen: »Der hat noch Hoffnung, der ist noch frisch.«

Wie sehne ich wieder ein normales Leben herbei, in dem der Rollstuhl höchstens eine sekundäre Rolle spielen darf. Als »Fußgänger« bezeichnet man hier die Menschen, die nicht im Rollstuhl sitzen. So jemand willst du bleiben, nehme ich mir vor, und sei es nur mit deiner Einstellung.

Alfred, mein Therapeut für die zweite tägliche Einheit Physiotherapie, ist Pole. Er nimmt mich hart ran. »Wir müssen lernen Rollstuhl – Boden und zurück. Wie willst du allein leben, wenn du das nicht kannst?« Wochenlang zwinge ich mich, einzig von Sehnen und Bändern gehalten, auf meinen Füßen zu hocken und mich mit den Händen hochzustemmen. Reine Physik ist hier am Werk. Um mit dem Becken die Sitzhöhe des Rollstuhls zu erreichen, lehne ich mich kopfüber so weit es geht nach vorn.

»Das halbe Leben eines Rollstuhlfahrers ist der Schwung«, ruft mir einer zu, schwingt sich hoch und landet sicher auf der 38 Zentimeter breiten Sitzfläche seines Sportrollstuhls. »Perfekte B-Note«, applaudiere ich ihm zähneknirschend.

Im Tal des weitläufigen Klinikparks leben rosarote Flamingos. Der Weg dorthin ist ziemlich steil, doch so oft wie möglich bitte ich meinen Besuch, mit mir zusammen diese anmutigen Tiere zu besuchen. Zugleich erhöhe ich damit Schritt für Schritt meinen Aktionsradius.

Von den Tieren aus blicke ich auf das Klinikgebäude zurück, es ist nur 300 Meter weit entfernt, die gefühlte Weite beträgt jedoch schon Kilometer. Bei dem Flamingoteich riecht es nach Wattenmeer. Endlich fühle ich mich weit weg vom zermürbenden Klinikalltag und überlege, ob ich diese Tiere jemals in ihrer Heimat in Südamerika oder in Afrika besuchen kann. Noch vor wenigen Wochen brauchte ich für das Packen bei einer Reise, egal, wie lang sie dauern sollte, nur wenige Minuten, und das ganze Gepäck passte in eine Sporttasche. Heute passt nicht einmal der Rollstuhl problemlos in einen Kofferraum und der Vorrat an Kathetern für eine zweiwöchige Reise füllt jetzt allein die Sporttasche.

Neben dem Teich steht ein kleiner Kiosk. Wie herrlich die erste Dose Cola schmeckt! Freiheit! Ich spüre wieder, dass es ein Leben außerhalb der Klinik gibt. Das werde ich genießen, so unbehindert wie nur irgend möglich.

»Gleich eine ganze Dose!«, kritisiert mich kurze Zeit später der Arzt, der meine tägliche Trinkmenge überprüft. Meine spastische Blase hatte autonom kontrahiert, der Schließmuskel hielt dem erhöhten Druck nicht stand und so komme ich mit nasser Jogginghose wieder auf die Station.

Kein Genuss ohne Reue. Ich bin verzweifelt. Wie viele Körperfunktionen werde ich denn noch überwachen müssen! Ein angenehmes, leichtes Leben sieht anders aus.

Training, Training, Training

Es gibt kaum ruhige Momente, um über mein Unglück zu weinen. Der Alltag ist mit Therapien mehr als gefüllt und nachmittags, am Ende des Kliniktages, kommt oft Besuch, der bis spät abends bleibt.

Trauer hebe ich mir für einen späteren Zeitpunkt auf, hier gilt erst mal die Devise, so schnell wie möglich fit zu werden, also bald ohne Begleitung die Flamingos besuchen zu können. Das bedeutet, das vierrädrige Fahrzeug, in dem ich ab jetzt sitzen werde, vollständig zu beherrschen, auch wenn ich es lieber in tausend Kleinteile zersägen würde. Noch ein Training, das sich in die Trainingseinheiten von Darm, Blase und Anziehen einreiht: Rollstuhltraining.

In der großen Sporthalle fahren wir unter Anleitung so schnell wir können im Kreis, eine gemischte Gruppe im Alter zwischen 20 und 60 Jahren lernt den Rollstuhl mit kräftigen Schüben anzutreiben. »Mit beiden Händen zupacken«, erklärt mir Jürgen, ein breitschultriger Physiotherapeut mit Dreitagebart, der selbst Motorrad fährt und sich davon auch durch die Schicksale, die ihm täglich bei seiner Arbeit begegnen, nicht abbringen lässt. Er zeigt auf die beiden Handballen, die beide den Stahl des Greifreifens kurz berühren sollen. Das Ganze im Rhythmus: fest zupacken, schieben und dann die Arme locker nach hinten schwingen.

Damit das einigermaßen elegant geht, muss der Oberkörper durch Krafttraining gestärkt werden, und das bedeutet Arbeiten mit Gewichten, Bewegungstraining auf der Matte und natürlich Physiotherapie. Ungefähr 25 Prozent aller Muskeln sind für mich willentlich noch ansteuerbar. Sie müssen den fehlenden Rest kompensieren können. Je kräftiger, desto mehr Freiheitsgrade, bringe ich die Erkenntnis auf einen Nenner.

Aber ganz so vernünftig bin ich dann doch nicht! Ich fahre mit Anlauf gegen und über alle möglichen Hindernisse, karamboliere beim Sport mit anderen Rollstuhlfahrern. Es gelingt mir nicht, den stabilen Rollstuhl zu beschädigen, nichts verbiegt sich oder bricht ab.

Meine Therapeuten wissen mein destruktives Verhalten nur dadurch auszubremsen, indem sie mir so schnell wie möglich einen eigenen Rollstuhl bestellen, für den ich mich selbst verantwortlich zeigen soll. Um dem Ganzen auch den nötigen Nachdruck zu verleihen, erklären sie mir, dass ich mit diesem Rollstuhl dann für die nächsten Jahre unterwegs sein werde.

Alfred und Jenny lassen den neuen Rollstuhl genau auf meine Maße zuschneiden. Völlig ungerührt diskutieren sie über Sitzbreite, Sitztiefe und Winkel, über Kastorbuchsen und Steckachsen, Radnabenabstand und weitere technische Details, die sogar mir als geübtem Fahrradfahrer rätselhaft erscheinen. In dem Bestellmaßblatt ist auch eine Option auf höhenverstellbare Schiebegriffe aufgeführt. Alfred kürzt die entstehende Diskussion rasch und kategorisch ab: »Der wird nicht geschoben, der macht das selbst.«

Bis zu meiner Selbständigkeit sollte es noch ein weiter Weg sein. Zunächst muss ich so weit stabil sein, dass ich innerhalb der Klinik auf ein weniger betreuungsintensives Zimmer verlegt werden kann. Nichts sehne ich mehr herbei – wieder ein bisschen Privatsphäre! Kein morgendliches Wecken mehr mit ständigem Messen von Blutdruck und Puls, und vor allen Dingen: ungestörter Schlaf. Endlich keine nächtlichen Umlagerungen mehr, endlich ein eigener Rhythmus für mein Tagesprogramm. Auch das Schmerzgestöhne der anderen Jungs oder die lausigen Talkshows von früh bis spät würde ich nicht vermissen. Und ganz bestimmt nicht die Aggression von Günther, der mich eines Tages, als ich in das verdunkelte Zimmer komme, mit jemandem verwechselt und eine Wasserflasche mit voller Wucht in meine Richtung schleudert.

Bei dem Gedanken an ein Einzelzimmer gehe ich als Erstes in Gedanken die CDs durch, die ich bald wieder ohne Kopfhörer hören werde. Die Helikopterpassage in Pink Floyds »The Wall« gehört unbedingt dazu. Als ich sie einige Wochen später tatsächlich zum ersten Mal so laut hören kann, wie man sie hören muss, damit es authentisch klingt, steht nach wenigen Minuten das gesamte Pflegepersonal inklusive Ärzteschaft in meinem Zimmer.

Diese Stelle hat mittlerweile eine ganz besondere Bedeutung für mich bekommen. Wie oft hatte ich einen Helikopter auf dem Klinikdach landen hören. Woche für Woche kamen auf diese Weise neue Patienten in die Klinik, ein grausamer permanenter Strom von Menschen, der nie abreißt. Beim gemeinsamen Essen reagierte dann der eine zynisch, der Nächste hilflos, der Dritte begann zu weinen. Jeder hat seine eigene Art, damit umzugehen. Oder sucht sich ein passendes Ventil.

Zum Beispiel Schwimmflossen. Ich weiß nicht, wer sie mir in die Klinik mitgebracht und was er sich dabei wohl gedacht hatte. Auf alle Fälle holte ich sie aus dem Schrank, zog sie an und erschien damit eines Tages zum verabredeten Schwimmtraining.

Jenny lachte schallend, und ich freute mich über den gelungenen Witz. Ihre Hospitantin, eine Physiotherapeutin, die aber noch nie mit Querschnittgelähmten gearbeitet hatte, war von meiner Art Humor dagegen überhaupt nicht amüsiert. Später fragte sie Jenny, ob ich ernsthaft Probleme mit dem Rollstuhl hätte. Was für eine Frage! Schwarzer Humor war ein gutes Ventil für mich, wenn die Tränen schon nicht flossen.

Eines Tages wollte RTL in der Klinik filmen, und als relativ frisch verletzter Patient wurde ich ausgewählt, um exemplarisch behandelt zu werden. Der Spezialist sollte vor laufender Kamera erklären, von welch fundamentaler Bedeutung das Wiedererlangen der Gleichgewichtsfunktion eines Patienten ist. Die Übung besteht darin, dass man auf einen kleinen Kreisel gesetzt und in alle möglichen Richtungen geschubst wird, mit dem Ziel, nicht herunterzufallen und immer wieder in die aufrechte Position zu kommen.

Ich erklärte mich gern dazu bereit und erschien zu dem Termin in kompletter Biker-Montur. Es war viel Arbeit gewesen, mir mit tatkräftiger Hilfe der Krankenschwester die Lederhose und die Harley Davidson-Stiefel anzuziehen. Mit der Begründung, dies wäre kein behandlungskonformes Outfit, wurde ich umgehend auf die Station zurückgeschickt. Wer weiß, vielleicht hätte ich meine Form von Humor als Außenstehender auch nicht immer verstanden.

Die Kapelle im Untergeschoss der Klinik ist der einzige Ort der Stille in diesem hektischen Klinikalltag. Öfters schließe ich hinter mir die Türe und werde augenblicklich von gedämpftem Licht und Ruhe umhüllt. Kein Mensch außer mir scheint sich hierher zu verlaufen.

Einige Male bringe ich selbst jemanden mit, zum Kartenspielen. Mit Guido oder meinem ältesten Bruder spielen wir stundenlang ungestört Risiko. Nichts hat sich in diesem Moment verändert, wie früher auch sitzen wir gemeinsam am Tisch, vollkommen versunken in das Spiel, der Rollstuhl ist vergessen.

Meine Grundausbildung habe ich nun erfolgreich absolviert, jetzt fehlt nur noch der letzte Baustein, um fit zu sein für ein Leben »da draußen«, wo schon eine jämmerliche Bordsteinkante einen gewaltigen Umweg bedeuten kann: Ich muss von meinem Rollstuhl in ein Auto einsteigen können.

Zwischen beiden Sitzen gilt es mindestens einen halben Meter zu überbrücken, und aus der unerprobten Sicht eines Neulings wirkt dieser Abstand gewaltiger als ein Sprung über den Grand Canyon. Mit Jenny übe ich den Transfer und erinnere mich dabei an das früher gehörte »Schwung holen« des Kollegen. Die erste Landung ist punktgenau, exakt zwischen Rollstuhl und Autositz auf der Fußleiste.

Ein Rutschbrett muss her, ein 50 Zentimeter langes, glatt beschichtetes weißes Holzbrett, mit dessen Hilfe der Spalt auf gleicher Höhe überwunden werden kann. Damit soll ich reisen, frage ich mich? Als wenn der Rollstuhl und die medizinische Ausrüstung nicht schon als Ballast reichten! Allmählich komme ich mir wirklich behindert vor, ein Transporter wäre das angemessene Fortbewegungsmittel für mich.

Die unsanfte Landung zwischen Rollstuhl und Autositz löst bei mir vor allem auch Angst aus vor einer Druckstelle oder einer sonstigen Verletzung, die ich nicht spüren kann. Ich werde sofort auf die Station gebracht, und in Seitenlage wird meine Haut penibel auf Rötungen kontrolliert. Zur Sicherheit bleibe ich einige Stunden im Bett.

Eine Druckstelle etwa am Hintern, also abgestorbene Hautzellen, hätte eine noch verheerendere Auswirkung als die Druckstelle am Schulterblatt. Ich könnte sie nur durch tage- oder wochenlanges Verharren in Bauchlage entlasten. Ein Leben in sitzender Position ist ohne gesundes Sitzfleisch nicht vorstellbar. Schon kleinste Wunden können bei fehlender sensorischer Rückmeldung und entsprechender Fehlbelastung fatale Folgen haben. Ist der Stuhl, auf den ich mich gesetzt habe, zu hart, wird die Haut zu stark beansprucht. Daraus begründet sich eine regelrechte Phobie bei mir, plötzlich die mühsam erworbene Unabhängigkeit wieder verlieren zu können und wieder wochenlang in ein Krankenhaus zu müssen.

Als zusätzliche Entlastungsmaßnahme der Haut und zur Stärkung der Knochen, Sehnen und Gelenke bekomme ich Stehtraining verordnet. Stehen bändigt auch meine permanent zappelnden Beine. Die Spastik, die der Berliner Arzt diagnostiziert hatte, nimmt schon seit Wochen deutlich zu, das Medikament, das den Muskeltonus senken sollte, ermüdet mich jedoch so sehr, dass ich es gleich wieder absetze.

Meine Knie und mein Becken werden in einem speziell konstruierten Stehpult leicht fixiert, so stehe ich dann »aktiv« eine Stunde. Der Kreislauf wird dabei stark gefordert, ich muss mich nass geschwitzt regelmäßig wieder für einen Moment setzen.

Ich genieße den Blickkontakt mit Therapeuten und Hilfskräften auf Augenhöhe. Endlich einmal wieder die bekannte Perspektive und nicht das permanente Kopf in den Nacken legen …

Vergebliche Eile

Ich plane meine Tagesetappe neu, und bin bald darauf und so früh wie noch nie an der nächsten Herberge angelangt, in Grimaldo. Den Schlüssel erhalte ich von der Betreuerin, da in dieser Gegend jedoch bis 18 Uhr Siesta gehalten wird, verschwindet sie schnell wieder.

Ein paar heimatliche Gefühle werden bei mir aktiviert, als ich eine Plakette entdecke, die darauf hinweist, dass ich eine Errichtung vor mir habe, die gemeinsam mit der deutschen Sankt Jakobusgesellschaft in Aachen geführt wird.

Ich habe Zeit im Überfluss, also flicke ich das winzige Loch im Reifen. Wie oft werde ich noch so dasitzen?

Zugleich überkommt mich Trauer wegen dieser ungeplanten Pause. Die Herberge ist dunkel, ich fühle mich abgeschnitten vom Leben und irgendwie abgeschoben. Im Vergleich zu dem inzwischen von mir gewohnten Streckenpensum war dieser Tag deutlich zu bewegungsarm, ich ziehe mich wie ein verwundetes Tier in ein Zimmer zurück und schlafe ein.

Im Traum wandere ich glücklich weiter, diesmal ohne Rollstuhl. »Hier sind keine Treppen«, ist die Erklärung, »nur wenn Stufen da sind, benötigst du den Rollstuhl.« Das ist logisch. Die Wanderung auf zwei Beinen fühlt sich unendlich leicht an, auch wenn der Gang etwas unsicher ist. Wie mit neunzehn – vor dem Unfall. Zwei baskische Radfahrer reißen mich aus einem todesähnlichen Schlaf, indem sie rücksichtslos in das Zimmer hereinpoltern.

Die Wirtin der Kneipe nebenan kocht für uns. Wir sitzen zusammen mit anderen Gästen an Tischen auf dem Gehweg der unbefahrenen Hauptverkehrsstraße. Die Radfahrer sprechen wenig, nur die Wirtin erzählt. Ein Pilger habe gestern von mir gesprochen. Wahrscheinlich Ludek, denke ich, und frage mich, wo er sich wohl jetzt befindet. Wenn er nicht aus irgendeinem Grund aufgehalten wird, werden wir uns wohl nie wiedersehen. Adressen haben wir nicht ausgetauscht. Auf dem Jakobsweg macht man das generell nicht. Warum eine göttliche Zusammenkunft unnötig verlängern?

Die Bar schließt sehr früh, und mit uns versiegt das letzte Leben in dem kleinen Kaff. Die Radfahrer wollen auch nicht weiterfeiern. Damit ist die Party für den heutigen Tag beendet.

Die Gefühle beim Pilgern ähneln denen beim Motorradfahren. Unter mir der harte Straßenbelag, Wind auf der Haut, absolute Freiheit, heute hier, morgen dort. *Wild is the wind.* Wie groß ist diese Freiheit? Habe ich sie mir vielleicht nur vorgegaukelt? Ist sie nicht nur eine Illusion? Mit meinem Kawasaki Chopper konnte ich nicht einmal eine Treppe hinauffahren oder einen Motocross-Parcours meistern. Über Hindernisse musste das Ding genauso geschoben werden wie jetzt der Rollstuhl. Der einzige, natürlich entscheidende Unterschied besteht darin, dass ich das Motorrad ohne Hilfe durch andere über Hindernisse manövrieren konnte.

Der süßliche Geruch von Tabak versetzt mich in einen Amsterdamer Coffee Shop. Seit Stunden sehe ich nur rote Chilischoten, und jetzt Tabakfelder. Come to where the flavor is, und das im westlichen Europa? Überall Pagoden oder Scheunen, aus denen es süßlich riecht.

Auf Tomatenfeldern finde ich frische, rote Früchte, ein Bauer schenkt mir eine Honigmelone, dazu esse ich Chilischoten. So frisches Obst und Gemüse habe ich in Frankfurt lange nicht mehr bekommen.

Zähe Kilometer. Die Landschaft bietet keine Ablenkung, und das Ziel will nicht näher kommen. Ich muss die Zeit abspulen, und dazu brauche ich Disziplin. Disziplin, um mich nicht einfach ins Gras zu legen oder das Angebot eines Mofafahrers anzunehmen, mich ein Stück des Wegs ziehen zu lassen. Nach einer Pause gestaltet es sich noch viel zäher, diesen monotonen Kreislauf zu durchbrechen.

»Wenn ich mich selbst nicht bewege, bewegt sich gar nichts«, erklärte mir eine Bekannte, als sie vom Jakobsweg zurückkam, nachdem sie mir zuvor ein Jahr lang in den Ohren gelegen hatte, wie schlecht es ihr gehe. Ich freute mich, dass sie meinem Rat gefolgt war und etwas in ihrem Inneren veränderte, um die Außenwirkung nachzuziehen. »Danke, dass du mich auf den Weg gebracht hast«, sagte sie nach ihrer Rückkehr. »Es kam nur durch mich, nicht von mir«, erwidere ich. Wie schön, Werkzeug sein zu dürfen.

Die Leere ist so groß, dass sogar Gebete unmöglich sind. Für jede noch so kleine Abwechslung mache ich einen Halt. Die Wegbeschreibung für die kommenden Kilometer kenne ich fast auswendig, so oft habe ich sie gelesen in der Hoffnung, dass doch irgendetwas passiert. Durst, Wasser trinken, nichts hilft, der Weg wird nicht kürzer. Alles bremst. Ist das die berüchtigte Einsamkeit des Langstreckenläufers, die ich spüre, wie der Held in der Geschichte von Alan Silitoe?

Was für eine Wohltat sind da kurzfristig die Biere und die Tapas in der Bar im nächsten Dorf, das ich erreiche! Der Barkeeper und ein

Bauern bei der Tabakernte

Gast feiern mich und die Tatsache, dass ich jetzt schon so lange erfolgreich unterwegs bin.

Hinter Galisteo erweist sich die Wirkung des Alkohols leider als gar nicht gut. Meine Verfassung bremst mein Tempo doch signifikant, immer wieder schlafe ich sekundenlang beim Rollen ein. In Frankfurt bin ich eines Nachts in genau so einer Situation auf dem Weg von einer Disko nach Hause beim Rollen eingeschlafen – bis mich ein Laternenpfosten jäh stoppte.

Hier gibt es kein Hindernis, das mich aus der Trance reißt. Das einzige Geräusch, das ich höre, ist mein Atem, und bei jedem Schweißtropfen, der von meinem Gesicht auf meine Beine fällt, glaube ich, einen kleinen Aufschlag zu vernehmen.

Als ich mich umdrehe, sehe ich Galisteo auf einer kleinen Anhöhe liegen, vollständig von seiner Stadtmauer umgeben. Diese mittelalterlichen Mauern schufen für mich allerdings eine so beklemmende Atmosphäre, dass ich nicht bleiben konnte. Außerdem sehne ich den Luxus von Elenas Privatherberge in Carcaboso herbei, den ich zwischen den Zeilen des Reiseführers herauszulesen glaube. Ein sonnendurchflutetes Penthouse mit Parkettboden und Waschmaschine steht mir ganz deutlich vor Augen, vielleicht sogar mit Internet Hot-Spot und On-screen-Fax?

Ich erlebe eine vollständige Bauchlandung. Elena, eine 75-jährige Dame, und ihr Sohn schicken mich sofort weiter zur lokalen Sporthalle. Sie sehen keine Möglichkeit, mir zwanzig Stufen in den ersten Stock hinauf zu helfen. Außerdem, wie sollte ich von da oben morgen früh wieder herunterkommen, oder was passiert bei einem Feuer? In der Sporthalle sei ich auch nicht allein, trösten sie mich, dort übernachte noch eine weitere Pilgerin. Ich werde hellhörig.

Elena kümmert sich liebevoll und organisiert eine Matratze für den harten Hallenboden. Dank meines Mini-Wörterbuchs ist auch die technische Kommunikation kein Problem. Ein spanischer Buddy Holly soll mir auf seinem klapprigen Fahrrad den Weg zeigen.

Allein wäre ich deutlich schneller gewesen, da die Sporthalle nicht schwer zu finden ist. Jedem, den er trifft, erzählt er erst mal kurz meine Geschichte, und alle finden ihn super dafür, dass er mich kennt und er mir jetzt sogar den Weg zeigt. Aber es ist okay, ich vertreibe mir die Zeit damit, dass ich mir vorstelle, wie Buddy Holly zu singen anfängt, während ich ihn auf der Luftgitarre begleite.

»Eigentlich sollte jeder Pilger ein richtig nutzloses Gepäckstück dabei haben, um ein bisschen Spaß in die manchmal wirklich zu ernst genommene Wallfahrt zu bringen«, höre ich mich vor einem Jahr zu meiner Mitpilgerin Petra in Frankreich sagen. Es war auf meiner zweiten Pilgerreise, wir beide liebten Bier, gute Stimmung und Rock 'n' Roll als Lebenseinstellung. Er ist ehrlich, nicht überkandidelt und hat extrem viel Power! *God gave Rock 'n' Roll to you!*

Die Sporthalle stinkt nach toter Ratte. Und die Pilgerin sieht leider gar nicht wie Petra aus. Sie ist etwa fünfzig Jahre alt, kommt aus Frankreich und ist ihrem Mann davongelaufen, wie sie mir bereits in der ersten Stunde erzählt. Immer wieder finde ich es total faszinierend, wie schnell Menschen beim Pilgern ihr Innerstes nach außen kehren.

Vielleicht verhält es sich ähnlich wie das, was Linda über ihren Job als Flugbegleiterin erzählte: »Du hast 7000 Kollegen bei KLM, bist längere Zeit auf artifiziell engem Raum zusammen und erzählst dir zwischen zwei Cross-Checks deine gesamte Lebensgeschichte.«

Jeder pilgert anders! Mein Arbeitskollege zum Beispiel erklärte mir: »Ich pilgere jeden Tag mit dem Fahrrad zur Arbeit. Das muss reichen, ansonsten habe ich lieber den 5-Sterne-Luxus eines schönen Hotels. Auf die unangenehmen Themen habe ich sowieso keine Lust.«

Meine Mitpilgerin hat starke Schmerzen. »Gibt es denn wirklich keine Möglichkeit, die morgige Etappenlänge zu verkürzen? Im Moment sind 20 Kilometer mein Maximum.«

Nun, wenn du unter dem 2000 Jahre alten Torbogen in Cáparra schlafen willst, mache ich ihr ein bisschen Angst und lese eine Passage aus meinem Wanderführer vor: »Zweifelsohne ist die Übernachtung unter dem Bogen von Cáparra ein außergewöhnliches und unvergessliches Erlebnis. Bedenken Sie aber bitte, dass es in der Extremadura des Nachts gelegentlich auch kalt werden kann. Was dem Pilger aber auf jeden Fall zugute kommt ist der Umstand, dass es hier einen Getränkeautomaten und ein WC mit fließend Wasser gibt. Achtung! Beides ist nur während der Öffnungszeiten zugänglich.«

Auch ich würde an ihrer Stelle auf so ein unvergessliches Erlebnis wahrscheinlich verzichten. Wir verkriechen uns bald jeder in seinem Schlafsack.

Elena schmeißt die Bar wie eine junge Frau, hantiert schwungvoll an der Espressomaschine, während sie Frühstück serviert und vereinzelt schon jetzt am frühen Morgen die ersten Schnäpse austeilt.

Wenn ich Alkoholiker wäre, dann nur in Spanien. Ich kenne kein Land, wo der Alkohol so günstig ist und dabei so gut schmeckt. Auf der nördlichen Pilgerroute gibt es am Kloster Irache einen Weinbrunnen, an dem sich der vorbeiziehende Wanderer selbst bedienen kann. Sooft und solange er will, auch wenn es offiziell heißt, dass die Pforte zum Brunnen ab 22 Uhr geschlossen sei. Das wurde ein netter Abend auf meinem ersten Jakobsweg. In einer Ecke ist eine Webcam angebracht, die man auch dazu missbrauchen kann, um Freunden und Kollegen von der harten Wanderung aus virtuell zuzuprosten …

Vor mir liegen nur Wiesen, Wälder und eine historische römische Siedlung, bei der sich auch die einzige Wasserstelle auf der gesamten Tagesstrecke befindet. Elenas mütterlichen Rat, zwei Flaschen Wasser mitzunehmen, schlug ich in den Wind. Bloß kein zusätzliches Gewicht. Um vor der langen Siesta bei der nächsten Informationsstelle anzukommen, hetze ich über eine der schönsten Strecken der Extremadura, die Cañadas Reales. Auf diesen ursprünglichen Viehwegen »Cañadas« wurden vor Jahrhunderten riesige Schafherden von Süden nach Norden getrieben, um zwischen den Sommer- und Winterweiden zu wechseln. Die Schafzucht war im Spätmittelalter ein bedeutender Wirtschaftsfaktor Kastiliens, und dank seiner Wollausfuhren wurde die Region zu einer der reichsten in Europa. In den besten Zeiten gab es hier zirka zwei Millionen Schafe. Diese sehenswerten Wege waren damals bis zu 75 Meter breit, wurden wegen ihrer Bedeutung gesetzlich geschützt und den wichtigsten von ihnen verlieh man sogar den Zusatz »königlich«.

Weil ich hier so aufs Tempo drücke und fast atemlos durchrausche, muss ich an meine Arbeit denken. Wie oft habe ich Dinge mit Hochdruck vorangeschoben und Nachtschichten absolviert, nur damit etwas fristgerecht fertig wurde, um dann womöglich ungelesen auf einem Laufwerk zu verschimmeln. Fange ich jetzt schon damit an, mir diesen Rhythmus auch beim Pilgern aufzuerlegen, und sei es nur für kurze Phasen? Aber was soll ich tun, die Warnung meines Reiseführers, auf dieser Etappe besser die Füße unter den Arm zu nehmen, war nicht misszuverstehen.

Die Zwischenstation Cáparra entpuppt sich für mich als nächster großer Reinfall. Die einsame Ausgrabungsstelle verfügt nur über einen Weg zum Informationszentrum, und der ist für mich unpassierbar. Hier kann ich meine Wasserflasche unmöglich auffüllen. Zornig ziehe ich weiter. Wofür habe ich mich beeilt? Merksatz: Es lohnt sich

Mein Tor zum Glück? Der Torbogen von Cáparra

nicht, sich für etwas Zukünftiges abzuhetzen und dabei die Gegenwart zu vergessen. Wie oft muss ich noch daran erinnert werden, wann habe ich es endlich begriffen!

Die Guardia Civil Traffico überholt mich, zwei Polizisten schauen zu mir herüber und fahren auf der Landstraße weiter. Nur Augenblicke später drehen sie um und folgen mir auf meine Wanderpiste. Sie steigen aus und erklären mir, dass der Weg im Rollstuhl bald unpassierbar wird. Die Alternativroute, die sie mir zeigen, bedeutet einen deutlichen Umweg. Ist nicht die kürzeste Verbindung zwischen zwei Punkten eine Gerade? Das hier sieht eher wie eine Sinuskurve aus.

»Necessitas una cosa mas?«, fragen sie mich. Ob ich etwas bräuchte? Ich bitte sie um etwas Wasser, woraufhin mir einer der beiden seine eigene Wasserflasche gibt. Ein Geschenk des Himmels – voller Zuversicht und dankbar kann ich weiterfahren.

Mit einer Hand ziehe ich mich später erschöpft an der Leitplanke hoch, die Zunge klebt fest am Gaumen. 50 Kilometer liegen hinter mir, und jetzt noch eine letzte Steigung vor mir. Die Strommasten sind mit Storchennestern besetzt, aber ich sehe sie nicht wirklich, sondern fühle mich wie eine schwabbelige Qualle. Ich habe ein Stadium erreicht, in dem ich mich sogar schieben lassen würde. Nur von wem? Ich ziehe mich an der Leitplanke Stück für Stück vorwärts, wobei das Rad am Metall entlang schabt und blockiert. »Atemzug, Antreiben, Atemzug«, fällt mir Beppo der Straßenkehrer aus »Momo« ein. Tatsächlich, es funktioniert.

»Rollstuhlgerecht«

Ein Praxistest im Haus meiner Eltern soll zeigen, inwieweit ich in der Lage bin, ein Leben außerhalb der Schutzatmosphäre der Klinik zu meistern. Fünf Monate vor meinem Unfall war ich durch das Garagentor mit meinem Motorrad auf zwei Rädern weggefahren, nun komme ich auf vieren zurück. Mit einem aufwändigen Kellerumbau richten mir meine Eltern in der früheren Waschküche und im Wein- und Lagerungskeller eine rollstuhlgerechte Wohnung ein, wobei sie keine Kosten scheuen, um alles für mich passend herzurichten. Heimlich wünsche ich mir weniger zeitlichen und finanziellen Aufwand bei den Umbaumaßnahmen, dafür etwas mehr Gespräche und mehr seelischen Beistand für meine neue Situation.

Alles erinnert mich hier an die Zeit vor dem Unfall, der ständige Vergleich von früher zu jetzt ist kaum auszuhalten. Als ich meinen Vater einmal mit tränenerstickter Stimme frage, was er denn in meiner Situation machen würde, beantwortet er die Frage in gewohnt nüchterner Art: »Ich würde lernen, mit dem Ding umzugehen, und dann meinen Job weitermachen. Ich blicke immer nur nach vorn.« Zeichnet das Führungskräfte aus?

Einen Tag vor meiner Entlassung am 6. Dezember 1993 küsse ich Jenny zum ersten Mal. Man sagt, dass über siebzig Prozent des Therapieerfolges von der Sympathie zwischen Therapeut und Patient abhängen. Keine Frage: Meine Behandlung war überaus positiv verlaufen.

Neben dieser Arbeitsebene hatten wir uns in den letzten Monaten einige Male abends verabredet, und ich hatte gar nicht bemerkt, dass ich mich still in sie verliebt hatte.

Ich bin ein wenig durcheinander: Ich habe mich in eine »ältere« Frau verliebt, eine Frau, die auch noch Fury in the Slaughterhouse gut findet! Einmal gingen wir in der klirrenden Kälte stundenlang im Wald spazieren, erst in der Klinik bemerkte ich später meine blau angelaufenen Füße. Zum ersten Mal seit meiner Ankunft wünsche ich mir, länger an diesem Ort bleiben zu können.

Beim Abschied verabreden wir, gemeinsam Silvester zu verbringen. Dafür würde es sich zu kämpfen und sich bis dahin gut in der neuen Umgebung zurechtzufinden lohnen.

Als mich mein Bruder nach Freiburg bringt, fragt er mich auf der langen Fahrt natürlich über sie aus. Ich schwärme ihm von Jenny vor. Seine skeptischen Nachfragen bringen mich auf die Palme. Noch vor wenigen Monaten wäre ich wutentbrannt aus dem Auto gestiegen und hätte ein halbes Jahr lang nicht mit ihm gesprochen, aber jetzt ist Weglaufen für mich unmöglich.

Seit Oktober bin ich als Student an der volkswirtschaftlichen Fakultät der Universität Freiburg eingeschrieben, weshalb ich eine rollstuhlgerechte Wohnung im Studentenwohnheim erhalten habe. Die Zweiraumwohnung ist klein, dunkel und mit Tisch, Schrank, Bett und Küche teilweise möbliert. Egal – nach sechs Monaten endlich wieder Privatsphäre! Ich muss nicht reden, wenn ich nicht möchte, keinen interessiert es, wenn ich einmal vierundzwanzig Stunden lang die Wohnung nicht verlasse. Zum ersten Mal Ruhe, und die koste ich aus.

Ich habe aber auch Angst vor dem Neuanfang unter diesen veränderten Rahmenbedingungen. Ich weiß nicht, was mich in meinem neuen Leben erwartet. Neben mir im Studentenheim wohnt ein weiterer Rollstuhlfahrer, er studiert Informatik. Nach meinem ersten Soundcheck der Stereoanlage lernen wir uns schnell kennen. »Welcome to the Jungle« von Guns 'n' Roses, das soll mein Leitmotiv für die kommenden Monate sein.

Bei den Gängen zu Ämtern und zur Uni begleiten mich anfänglich Freunde, an eine Aufnahme des Studiums und vor allem an ein Nachholen des Stoffes der vergangenen zwei Monate ist jedoch nicht wirklich zu denken. Trotz intensiver Vorbereitung in Bad Wildungen sind einfach immer noch viel zu viele alltägliche Griffe neu zu erlernen, auch physisch bin ich noch längst nicht dort, wo ich sein möchte, und trainiere permanent weiter neue Muskelgruppen und erlerne dadurch neue Fähigkeiten. Ich finde meine eigenen Wege durch die Stadt und präge mir ein, wo sich Bordsteine, ein Aufzug und ebenerdige Straßenbahneinstiege befinden.

An der Uni gibt es für mich in den großen, voll besetzten Hörsälen zwei Möglichkeiten, bei einer Vorlesung dabei zu sein. Ich parke in der letzten Reihe, etwa 100 Meter entfernt vom Professor, seitlich an der letzten Bank, oder ich stelle mich in die erste Reihe, fast direkt an sein Pult. Eine einsame Erfahrung, denn die ersten acht Reihen hinter mir sind immer unbesetzt, und der Professor macht keine Anstalten, einem Erstsemester im Rollstuhl besondere Beachtung zu schenken.

Jenny und ich werden ein Liebespaar. Ein Jahr später zieht sie zu mir nach Freiburg, für uns beginnt eine wunderbare Zeit. Zu meinem großen Ärger höre ich leider sehr oft, wie praktisch das doch für mich sei. Verletzt ballere ich dann immer heftig zurück, schließlich ist sie meine Freundin, und als meine Freundin ist sie bei mir, nicht als meine Therapeutin. Wir begegnen uns auf Augenhöhe.

Für einen peinlichen Tiefpunkt sorgt meine Stiefmutter. »Für die Behandlungen im Bett«, sagt sie beiläufig, als sie uns eine kleine, goldene und ausgesprochen hässliche Lampe auf den Nachttisch stellt. Jenny und ich fragen sie, welche Behandlungen sie genau meine, erhalten aber natürlich keine nähere Auskunft.

Meine 93-jährige Tante Alix dagegen ist viel zu neugierig, um noch groß auf Etikette achten zu wollen. In ihrem Alter brauche sie das nicht mehr, meint sie verschmitzt, und fragt mich also ganz direkt, wie das denn mit dem Sex sei. Mit einer alten Dame könne ich doch offen darüber sprechen. Ich beruhige sie und erkläre ihr augenzwinkernd alles, was sie wissen möchte.

Direkt vor dem Studentenwohnheim liegt ein kleiner Hügel, der auf unbefahrenen kleinen Straßen gut zu erreichen ist. Von hier aus kann man einen besonders schönen Blick auf Freiburg werfen. Zweimal mache ich mich auf den Weg dorthin, und jedes Mal kehre ich frustriert um. Ich empfinde Rollstuhlfahren als ineffizient und ausgesprochen mühsam und denke dabei immer an die Schulter- und Handgelenke, die für diese extreme Belastung nicht konzipiert sind. Aber wer weiß, vielleicht muss ich ja doch mein gesamtes Leben im Rollstuhl verbringen?

Trotzdem träume ich insgeheim immer von ausgedehnten Wanderungen mit Zelt und Rucksack auf dem Rücken. »Ich verstehe gar nicht, warum du dich so aufregst, mit deiner Freundin kommst du doch überall hin und kannst alles erreichen«, erklärt mir eine Kommilitonin, bevor sie sich in ein buddhistisches Kloster nach Frankreich verabschiedet.

Ich aber will alles allein erreichen, es ist der Vergleich vorher – nachher, der mich hemmt und verhindert, dass ich den Augenblick annehmen kann und die Chancen, die in ihm stecken. Wie hatte der Arzt gemeint? »Sie werden drei Jahre brauchen, bis Ihr Kopf auch im Rollstuhl sitzt.« Vielleicht ist ja doch etwas Wahres dran, und ich durchlebe nur den ganz normalen Psychostress.

Ich verbringe das gesamte Grundstudium ärztlich verordnet »stoned«. Die Apotheke liefert mir sogar ein Weihnachtsgeschenk, so viele Medikamente beziehe ich über sie. In höchsten Dosen nehme ich zum Beispiel ein Medikament, das den Nervenreiz im Blasenmuskel reduzieren und Inkontinenz verhindern soll. Als Nebenwirkung stoppen die Zellen ihre Transmitterfunktion, womit allerdings auch die Wärmeregulierung der Haut durch Transpiration beendet ist.

Den ganzen Sommer über bin ich mit hochrotem Kopf und Schwindelgefühl unterwegs. Unmittelbar nach der Einnahme morgens und abends kann ich nur noch liegen und fühle mich am ganzen Körper wie gelähmt. Es ist, als würde ich für eine Stunde in eine dunkle, schwarze Höhle hinabsteigen. Für den Rest des Tages bin ich zugedröhnt.

Wie hätte es auch anders sein können: In diesen Monaten widme ich meiner vollständigen Rehabilitation deutlich mehr Zeit als dem Studium. Es geht nicht anders. Ich will meiner Maxime treu bleiben, sobald wie möglich wieder ein normales, vom Rollstuhl weitgehend uneingeschränktes Leben führen zu können, die Arbeit an mir muss also mein oberstes Gebot sein.

Trotz der Medikamente wird der Blasenspasmus nicht richtig unterbunden. Die autonom kontrahierende Blase zwingt mich mehrmals in der Woche, meine Tagesplanung komplett über den Haufen zu werfen. Wo ich dann auch bin, ich breche alles ab, um nach Hause zurückzukehren, zu duschen und die Hose zu wechseln. Als 19-Jähriger sind Inkontinenz und der Gestank von Urin Dinge, die ich aufs heftigste verachtete, jetzt kann ich mich dafür nur selbst schlagen. Ich wüte und weine, es hilft nichts.

Es ist unmöglich, die seelische Verarbeitung des Verlustes weiter aufzuschieben. Jede Bewegung, jeder Handgriff lassen mich spüren, dass ich nicht mehr Herr im eigenen Hause bin. Ohnmächtige Verzweiflung überkommt mich, wenn der Körper nicht die Befehle ausführt, die ich als junger gesunder Mensch von ihm erwarten würde.

Voller Wut schlage ich mit meinen Fäusten die Beine grün und blau, in der Hoffnung, wenn der Schmerz nur groß genug ist, sie endlich wieder zu spüren. Ich fühle mich wie Mike Tyson im Ring, der allerdings gegen seinen eigenen Körper kämpft.

Ein Freund im Rollstuhl erzählte mir, dass er vor lauter Verzweiflung mit einem Hammer auf seine Beine eingeschlagen habe. So weit habe ich es nie kommen lassen. Nur einmal bekomme ich es gehörig mit der Angst zu tun, als ich mit einem Schlag eine Ader in meinem Penis verletze und dieser wie ein Ballon anschwillt. Mit bebender Stimme rufe ich sofort meinen Urologen an, der mir sagt, was zu tun ist. Diesen Warnschuss habe ich verstanden, ab da höre ich mit der Selbstverprügelei auf.

Die Barriere im Kopf überwinden

Nachdem ich das Grundstudium dann doch in der regulären Studienzeit bestanden habe, gewinne ich ein Stipendium des Landes Baden-Württemberg für ein Austauschjahr in den USA. Ich will herausfinden, was wirklich im Rollstuhl möglich ist, ein Aufenthalt in den Staaten ist dazu ideal. Allein schon wegen der physischen Barrieren empfinde ich den Umgang mit meinen Kommilitonen oft als mühsam. Immer muss ich auf sie zugehen und beweisen, dass ich genauso cool sein kann. Deshalb führt mich der Weg aus Deutschland weg, »Handikap« klingt deutlich attraktiver als das B-Wort, das ich auch heute noch kaum über die Lippen bringe.

Aus dem einen Studienjahr in North Carolina, im Südosten der

USA, werden insgesamt fast vier Jahre, die mir helfen, ein Leben mit Handikap aus einem anderen Blickwinkel zu betrachten. Erst hier lerne ich, dass im Rollstuhl unterwegs zu sein per se nichts Außergewöhnliches ist, Millionen Amerikaner bewegen sich auf diese Weise fort. Vielleicht musste ich deshalb ohne Jenny in die USA gehen, vielleicht musste ich mich auch von ihr lösen, um mich in meiner Rolle in Amerika neu finden zu können.

Hier ist nichts unmöglich, ich lerne klettern, Wasserski fahren, ich rafte in unberührten Naturparks und fahre eintausend Kilometer bei zwei organisierten Handbike-Touren. Ich bin weiß, jung und sitze im Rollstuhl, damit gehöre ich in Amerika zu keiner schützenswerten Minderheit. Entsprechend fallen damit auch die mir aus Deutschland bekannten Vergünstigungen etwa an der Theaterkasse weg, und eine Begleitperson darf jetzt auch nicht mehr kostenlos mitkommen.

North Carolina ist bald meine neue Heimat. Hier lockte mich die Natur, die unberührten Wälder sind oftmals mit einem »wheelchair trail« ausgestattet. Bestimmt helfen auch die über 250 Sonnentage im Jahr, viele Barrieren im Denken scheinen sich hier wie Frühnebel bei den ersten Sonnenstrahlen aufzulösen.

Nach dem Studienabschluss nehmen meine Freundin Elaine, die seit einem Sturz vom Dach ihres Elternhauses gelähmt ist, und ich uns eine einmonatige Auszeit. Sie kündigt ihren Job, und ich bitte meinen zukünftigen Arbeitgeber, noch etwas auf mich zu warten (woran er allerdings, wie ich nach meiner Rückkehr erfahre, überhaupt nicht dachte). In meinem alten Pontiac Sunbird fahren wir los, immer Richtung Westen.

Auf der Rückbank liegen unsere Rollstühle, im Kofferraum befindet sich das gesamte restliche Gepäck. Niemand hat uns glauben wollen, dass wir uns beide samt Rollstuhl auf den Weg machen würden, noch dazu in einem zehn Jahre alten Auto. Unser Reiseführer, ein Guide für Budgetreisende, verrät uns die schönsten Übernachtungsmöglichkeiten auf unserem über 9000 Kilometer langen Weg. Bei dieser Form des Reisens geht es keineswegs darum, möglichst günstig unterzukommen und Geld zu sparen, sondern Land und Leute näher kennenzulernen. Budgetreisen als Lebenseinstellung, denn nicht die Sehenswürdigkeiten machen ein Land aus, sondern die Menschen, die dort zu Hause sind.

In jedem Nationalpark campieren wir: Zwei Menschen im Rollstuhl bauen selbständig ihr kleines Zelt auf, vor dem dann nachts zwei leere Gefährte stehen. Rollstuhlgerechte Einrichtungen gibt es hier überall.

Wir können einfach drauflos fahren und anhalten, wo immer es uns gefällt. Das erste Mal seit der Highschool fahre ich wieder durch Nebraska und frage mich, wie ich es hier zehn Monate aushalten konnte. Endlose Weizenfelder, so weit das Auge reicht, streckenweise bekommen wir mit unserem Radio nicht einmal einen Sender herein.

In dem einzigen Waldgebiet, das ein unter Heimweh leidender europäischer Farmer vor 100 Jahren angepflanzt hat, übernachten wir, bevor wir am nächsten Tag auf schnellstem Weg die Staatsgrenze überqueren. Hier waren wir lang genug.

Sosehr ich jeden Moment dieser Reise genieße, fehlt mir die eigene körperliche Bewegung doch sehr. Alles ist bequem erreichbar, und das viele Sitzen im Auto lässt uns auch nicht gerade leichter werden, ganz im Gegenteil. Das stört auch besonders Elaine, die frühere »Ms. Wheelchair« von North Carolina, die sich ihr Gewicht über die Jahre »erarbeitet« hat. Nicht einmal beim Sex verbrauchen wir Kalorien, zumindest eine von beiden Personen sollte sich doch uneingeschränkt bewegen können. Elaine hat wie ich keine Sensibilität unterhalb des Bauchnabels, und manchmal bin ich mir bei der ersten Berührung nicht sicher, welches Bein ich gerade streichele. Oft lachen wir darüber: »Dein Bein oder mein Bein?«

In der Stille Gott erfahren

Ein unverschlossenes Haus, neben einer Baustelle. Erst nach genauem Hinsehen habe ich das Muschelzeichen entdeckt. Ich bin angekommen, wieder einmal, wie bislang an jedem Abend, egal unter welchen

Bedingungen. Nur ein paar Meter entfernt befindet sich ein Supermarkt, eine Art umgebautes Wohnzimmer, ein Restaurant liegt einen Kilometer entfernt auf dem Berg. Damit ist entschieden, wo ich heute zu Abend essen werde.

Plötzlich meine ich, den Reiz dieser Reise zu verstehen: Es ist wie mit sechzehn im Ferienlager. Den ganzen Tag an der frischen Luft mit aufregenden Erlebnissen, und abends ein einfaches Essen in einer gemütlichen Herberge. Und hier bin ich sogar noch selbst der Gruppenleiter.

Wenn ich morgen gut vorankomme, werde ich Don Blas treffen. Wird er verblüfft sein, dass ich mich trotz seiner Skepsis auf den Weg gemacht habe? Im Frühling hatte ich ihn mit Unterstützung einer spanischen Arbeitskollegin von Frankfurt aus angerufen, um Details

In Aldeanueva del Camino

über den Weg zu erfahren. Er kennt den Weg aus dem Effeff, war er es doch, der die gelben Wegpfeile, die inzwischen eine Art Logo der Vía de la Plata und der übrigen Jakobswege geworden sind, über eine Strecke von Hunderten von Kilometern angebracht hat. Wir mussten das Telefon sehr lange klingeln lassen, doch endlich hob er ab. Ich stellte mir lange, klosterartige Gänge vor, durch die das Ringen hallt und er mit wehendem Gewand zum Telefon eilt und den Hörer ergreift. Don Blas bat meine Kollegin, mich zu begleiten, denn er kenne keinen Menschen, der diesen Weg bisher im Rollstuhl gefahren sei.

Seine Herberge in Fuenterroble de Salvatierra bietet Platz für weit über 50 Pilger. Hoffentlich treffe ich dort endlich auch wieder auf andere Menschen. Zwar lehrt mich die Einsamkeit viel, vor allem, wie gut ich mit mir klarkomme; etwas mehr Austausch wäre dennoch schön.

Am nächsten Morgen lasse ich Aldeanueva del Camino hinter mir, und wenige Kilometer später überhaupt die Extremadura. Ich überschreite die Grenze zur Provinz Kastilien und León. Die gesamte Zeit geht es bergauf. Freundlich winkende Polizisten fahren an mir vorbei, natürlich trage ich meine Sicherheitsweste auf dem Standstreifen dieser mäßig befahrenen Landstraße. Ein letztes Mal spüre ich die große Hitze der Extremadura, während ich mich Meter für Meter auf dem sich aufheizenden Asphalt hochschraube, wie ein Drachenflieger im Aufwind.

Vor mir liegen von der Sonne getrocknete, ausgedörrte Feigen, die von den Bäumen heruntergefallen sind. In den engen Kurven hält niemand an, um die süßen Kraftspender aufzulesen. Ich freue mich über die kleine Ernte.

Das große Schild, das den Reisenden in »Castilla y León« begrüßt, erfüllt mich mit Wehmut. Hier in der Meseta, einer Hochebene zwischen 600 und 900 Metern, ist es schon merklich kühler, und ich lasse etwas sehr Liebgewonnenes hinter mir: den feurigen Atem und die Leidenschaft der Extremadura.

Die Feigen machen durstig. Wie ein Kind freue ich mich über einen kleinen Brunnen am Rand eines schattigen Waldwegs. Ein von einem Hof kommender Gartenschlauch füllt eine mauerartige Tränke. Das Wasser plätschert leise und friedlich in das moosige Gestein. Ich wasche meine klebrigen Hände, lösche meinen Durst und fülle meine Wasserflasche auf.

Wenn ich es heute noch zu Don Blas schaffen möchte, muss ich mich beeilen. Es ist Mittag, und die Bergpassage hat länger gedauert als angenommen. Oder sind die Feigen schuld?

Ich komme durch ein malerisches Tal, in der Ferne sehe ich die Autobahnbrücke, unter der ich vor einer Stunde noch durchgefahren bin. Nichts ist hier von dem tobenden Lärm zu hören.

Plötzlich entdecke ich wieder einen römischen Meilenstein. Ich muss ihn anfassen, ich fühle mich magisch von diesen historischen Zeugen angezogen.

Heute will ich es einmal beherzigen: Hetzen hilft nicht, ich komme dadurch auf den langen Distanzen nicht nennenswert früher an. Damit steht fest, dass ich in Calzada de Béjar, einem Ort mit nur ein paar Dutzend Einwohnern, Station machen werde. Don Blas werde ich morgen zu Gesicht bekommen.

Der geschäftstüchtige Herbergsvater und seine Frau kümmern sich fürsorglich um ihren einzigen Pilger. »Madre mia«, ruft die Herbergsmutter und bekreuzigt sich, als sie mich sieht, und verschwindet in der Küche. Klassische Rollenverteilung, sie kocht, er setzt sich zu mir und trinkt mit mir Bier. Anschließend führt er mich durch die erst vor wenigen Monaten eröffnete Unterkunft. Besonders stolz ist er auf die Rampe vor der Tür und die extra breite Tür zum Badezimmer – ich bin der lebende Beweis dafür, dass er sich bei ihrem Einbau richtig entschieden hat.

Er zieht sich zurück und ich lasse die Gedanken baumeln. Was zieht mich so stark zu Don Blas?

Als Schüler wollte ich Theologie studieren und mein Leben Gott widmen. Ich habe eine Begabung, andere mitzureißen, und was ist besser, als diese Gabe in den Namen des Herrn zu stellen und Lichter anzuzünden. Während meines Schüleraustauschjahres in den USA

Ich liebe diese Meilensteine!

zog mich mein Gastvater, ein lutheranischer Pastor, stark in seine Gemeinde hinein. Ich sang als Sunday School Teacher vor gefüllten Kirchenbänken und war selbstverständlich bei jeder Bibelstunde treu dabei. Trotz der unzähligen Predigten und Sessions vermisste ich aber auch bei dem Reverend etwas, was ich bisher bei Gottesmännern gar nicht so häufig angetroffen habe: Güte und wahre Liebe. Er richtete, aber er verzieh nicht, nicht einmal seinen eigenen Kindern.

Etwas abgekühlt gegenüber der Institution Kirche kehrte ich aus Amerika zurück und blieb während der gesamten Oberstufe Gotteshäusern fern. Die Liebe zum Gitarrenrock lieferte Ersatz.

Dann geschah der Unfall.

Ich wählte den Weg des geringsten Widerstands und studierte mit Betriebswirtschaftslehre ein Fach, das mir bei kleinem Lernaufwand und ohne allzu große emotionale Verstrickung versprach, mich zügig zum Diplom zu bringen. Den eingeschlagenen Weg ging ich konsequent weiter, bis in eine Bankzentrale.

Auf dem Weg zur Arbeit spürte ich Gott jeden Tag aufs Neue, und mit einem leisen Dankesgebet beginne ich jeden werdenden Tag bei ihm. Dieser kurze Kilometer, ich hatte mir extra eine Wohnung ganz in der Nähe meines Arbeitsplatzes gesucht, ließ mich noch einmal Kraft tanken für die bevorstehende Zeit an meinem Arbeitsplatz im 21. Stock mit grandiosem Blick auf den Feldberg. Dann huschte ein Lächeln über mein Gesicht, weil ein Vogel laut vernehmbar zwitscherte, oder weil ich auf diesem schon tausendmal gegangenen Weg etwas Neues entdeckte. Es ist schön, am Leben zu sein und das intensiv wahrzunehmen, gleichgültig wie spärlich diese Momente zur Zeit auch sind.

»Wenn ich Gott nicht hätte, würde ich durchdrehen. Aber er ist immer bei mir«, erklärte ich meiner Freundin Nicole, als ich eines Tages einen hohen Betrag bei Aktiengeschäften verlor. Ich wusste, dass alles gut war. Den Verlust würde ich hinnehmen müssen, aber meinen himmlischen Vater würde ich immer bei mir haben.

Dennoch ging ich an diesem Abend bestürzt nach Hause und fühlte mich schlecht. Für so ein Ergebnis arbeitete ich eigentlich zu viel und zu hart, also fragte ich Gott, wie das passieren konnte. »Wofür willst du das Geld«, vernahm ich intuitiv. »Bist du glücklicher mit einigen tausend Euro mehr oder weniger?« Ich kam ins Grübeln. Mehr Geld ließ mich weder ruhiger schlafen, noch machte mich ein etwas höherer Kontostand dauerhaft glücklicher. »Was du besitzt, besitzt dich«, erklärte mir Guido, der sich gerade selbständig machte. Mehr Vermögen macht nicht automatisch freier, es sei denn, es ist sinnstiftend im Dienste Gottes eingesetzt. Welche Formen das annehmen wird, verrät mir dann die Intuition, da bin ich mir sicher.

Viele meiner Kollegen würden mir hier widersprechen und einwenden, dass man mit mehr Geld früher aufhören könne zu arbeiten, mehr Geld somit realer Gewinn an Lebenszeit sei. Diese alleinige Ausrichtung auf eine rosigere Zukunft verleugnet die Möglichkeit, im Hier und Jetzt glücklich zu sein. Nachdem ich vor drei Jahren 800

Kilometer auf dem nördlichen Jakobsweg mit meiner Freundin gepilgert bin, habe ich am Ziel eines vermisst: den Weg dorthin.

In einer »Geldmaschine« werden diese Zusammenhänge oft negiert, schließlich definieren sich die meisten über Geld und Besitz. Hier ist mehr eindeutig mehr. Auch ich bin davon keineswegs ganz frei, schließlich drehen sich die meisten Inhalte meiner Arbeit um diese Themen, und Betriebswirtschaft bedeutet nun einmal Gewinnmaximierung.

Für ein neu eingeführtes Produkt bei meiner Arbeit habe ich den Slogan »Früher frei« erfunden. Eigentlich eine groteske Formulierung, denn ich bin ja jetzt schon frei.

Der ehrliche Grund, warum ich 2500 Kilometer auf dem Jakobsweg pilgere und dafür eine ebenso hohe Anzahl von Kilometern in einsamen Wäldern als Training absolviere, lautet: Ich möchte Gott in der Stille erfahren. Fragen, die mich unter der Woche bedrücken, lö-

Wegbegleiter

sen sich in der Meditation. Im Einklang mit der Natur, im eigenen Rhythmus des Vorankommens fallen viele Störgeräusche und negative Empfindungen einfach weg. Oft vergesse ich wenig später die Antworten, die ich auf meine Fragen erhalten habe, aber das Gefühl der tiefen Ruhe und Sinnhaftigkeit aller Prozesse bleibt.

An solchen Tagen bin ich glücklich. Ich habe lediglich ein paar Brote und Obst verzehrt und Wasser getrunken. Ein paar tausend Euro mehr oder weniger? All das verliert hier seine Relevanz.

Fast wie im Traum erlebe ich meine Ankunft im Refugio von Don Blas. Die Vorfreude war so groß, dass ich bei meiner Ankunft zum ersten Mal daran glaube, eine reelle Chance zu haben, es bis Santiago zu schaffen. Fast die Hälfte der Strecke liegt hinter mir, überbrückt in Rekordzeit. »Blitzkrieg« höre ich Ludek im Geiste sagen, aber der ist bereits vor zwei Tagen hier durchmarschiert. Ein Radfahrer und ich sind die ersten Pilger des heutigen Tages, die Herberge ist ansonsten verlassen. Wir gehen erst mal ein Bier trinken, die verschwitzte Kleidung können wir später wechseln.

Die Spanier trinken ihr Bier immer äußerst zügig. Nach zwei schnellen Runden und den dazugehörigen Tapas, die automatisch mitserviert werden, sind wir kurze Zeit später zurück. Inzwischen ist auch Don Blas eingetroffen und lädt uns ein, einer Taufe, die er gleich vollziehen möchte, beizuwohnen.

Don Blas' Mutter ist vor vier Tagen gestorben. Ich will ihm mein Mitgefühl ausdrücken und sagen, dass auch mein Vater kürzlich verstorben ist, aber wir werden unterbrochen.

Hier herrscht erst mal Trubel. Seit Freitag ist das gesamte Dorf auf den Beinen und feiert ein Fest. Vier Generationen, vom Baby bis zu den Urgroßeltern, haben sich mit ländlichem Schick herausgeputzt und flanieren nun über die Hauptstraße. Wir wenigen Pilger fallen nur durch unsere Kleidung etwas aus dem Rahmen, aber das ist man hier gewohnt, schließlich ist ein Besuch bei dem bekannten »Blas«, wie man den Padre hier nennt, für jeden Pilger ein Muss.

Bevor wir uns ebenfalls in den Trubel der Festivitäten stürzen, es-

Don Blas zelebriert die Taufe

sen wir zu acht gemeinsam in der Küche des Gemeindehauses. Ständig platzt jemand herein oder verlangt telefonisch Don Blas, der aber in sein Elternhaus zurückgefahren ist. Einige Dorfbewohner bringen uns einige Flaschen selbst gekelterten Wein. Der Pfarrer und seine Pilgerhorden werden von der gesamten Gemeinde bestens versorgt.

Gegen Mitternacht kehrt Don Blas zurück. Er sieht müde aus, aber wir kommen jetzt doch noch ins Gespräch. Zusammen mit dem Hospitalero Peter, einem ehemaligen Direktor einer Schweizer Großbank, sprechen wir bis zum frühen Morgen, einem Sonntagmorgen, über den Jakobsweg und den Pilgergedanken. Der Pater hat eine Vision, er möchte eine globale Pilgerbewegung von Fuenterroble aus initiieren. Über Ostern organisiert er bereits die »Vía Lucis« mit 3000 Pilgern aus den umliegenden Gemeinden, wobei mittlerweile sogar Christen aus ganz Spanien anreisen. Er möchte am liebsten schon heute Abend meine verbindliche Zusage, dass ich auch mitmachen werde.

»Wenn mein Spanisch besser ist«, verspreche ich ihm.

Er bietet mir an, eine zusätzliche Nacht zu bleiben, aber ich möchte am Sonntagmorgen nicht in die Messe, sondern in meine »Kathedrale«: Ich bin süchtig nach meinem Camino Fix. *This is my church, this is where I heal my hurts.*

Warum bin ich so vollkommen glücklich? Bei meiner Arbeit bin ich oft unzufrieden, bin neidisch auf Kollegen und ihre Projekte, befinde mich manchmal in einem absurden Wettlauf. Hier jedoch fühle ich mich frei, ungefiltert spüre ich mich und meine Umwelt, in tiefer Meditation bekomme ich Antworten auf meine Fragen und die Gnade, alte Verletzungen zu heilen. Es ist sehr einfach, mit einem klaren Ziel zu leben. Auf diesem Weg ist das Ziel Santiago, in meinem Leben Gott. Natürlich ist der Weg gleichzeitig das Ziel, denn unterwegs spüre ich mich Gott stärker verbunden als in der Kathedrale von Santiago.

Gott ist in vielem erfahrbar, auf einer Autofahrt, in einem Kinofilm oder in der Kirche, aber im Gleichklang mit der Natur, ohne künstliche Reize, wird die leise innere Stimme deutlich. Es ist unmöglich, vor großen Themen davonzulaufen. Die Wut oder Aufregung über eine Situation, die nicht zu ändern ist, weicht der Demut. Hier erkennt der Pilger, dass Innen und Außen miteinander verwoben sind und das Außen eine Konsequenz des Inneren ist.

»Ich habe festgestellt, dass ich den Regen nicht stoppen kann«, war das verblüffende Fazit von Bernhard nach 2000 Kilometern Wanderung. »Ich kann nur meine Einstellung zu ihm ändern.«

Wenn der Pilger offen ist wie ein Gefäß, kann er sich vom Heiligen Geist erfüllen lassen. Verborgene Zusammenhänge werden transparent, tiefe Sehnsüchte offenbar, und bei alledem empfindet der Pilger Dankbarkeit und Glück.

Manchmal wache ich beim Pilgern aus einer Trance auf und stelle überrascht fest, dass ich viele Kilometer weitergekommen bin, ohne mich erinnern zu können, was in den letzten fünf Minuten passiert ist. Die meisten Sorgen und Ängste verlieren in der grenzenlosen Weite ihre Relevanz, ein »Pilgergefühl« entsteht. Den Boden berühre ich dann nicht mehr wirklich, ich schwebe wenige Zentimeter darüber.

Die endlose Hochebene von Meseta

Viele Pilger kennen das Gefühl des inneren Friedens, das sind diese geschenkten Momente und Kilometer, in denen Gottes Liebe einen vollständig durchdringt. Durch sie werden die Schmerzen leichter und die Zweifel geringer. Ich vertraue der Führung und dem Schutz Gottes, der mir jeden Tag die Kraft gibt, allen Widrigkeiten zu trotzen und weiterzumachen. Die Gewissheit, das Richtige zu tun, erfüllt mich.

3 HALBZEIT

Ich bin aufgeregt. Morgen werde ich die größte Stadt auf meiner Reise erreichen. In einer Großstadt fühle ich mich als Pilger immer etwas kleiner, das war auf dem Camino Francés auch schon so. Als ob die Stadt und ihre Bewohner erst mal erobert werden wollen, nehmen sie von dem Pilger scheinbar nichts wahr. Eine vielleicht etwas außergewöhnliche Erscheinung fällt in einem reizüberfluteten Umfeld mit seinen zahllosen Sinneseindrücken überhaupt nicht auf.

Doch zuvor werde ich in der Herberge von San Pedro de Rozados, der letzten Station vor Salamanca, wärmstens aufgenommen. Ich werde als ein Freund von Don Blas empfangen, denn ich trage die wärmende Pilgerweste, die er mir zum Abschied noch geschenkt hatte. Der Name seiner Gemeinde ist in großen Buchstaben darauf gestickt. Noch niemals habe ich ein Kleidungsstück mit so vielen Taschen und Staumöglichkeiten besessen. Sollte mein Rucksack kaputtgehen, könnte ich wahrscheinlich alles in dieser Weste unterbringen.

Als ich in der Bar den Quartierschlüssel abhole, unterbrechen zwei Männer ungefragt ihr Kartenspiel und begleiten mich und die Herbergsmutter zu der nahe liegenden Herberge. Auf dem Schild am Marktplatz steht eine Entfernungsangabe nach Santiago, demnach sind es nicht einmal mehr 500 Kilometer. Ich misstraue solchen Angaben hier grundsätzlich, aber auf 50 Kilometer mehr oder weniger kommt es jetzt für mich wirklich nicht mehr an.

Die Männer wuchten mich die kleine Treppe hinauf, nachdem ich mit der Herbergsmutter zusammen das Domizil begutachten durfte und – was für eine Gunst – meine Wünsche für das Abendessen erfragt wurden. Sie freut sich darüber, dass ich nach meiner langen Wanderung zum Essen zu ihr in die Bar kommen möchte. Wenn sie mit dem Kochen fertig ist, holen mich die Männer wieder ab. Das nenne ich Service! Ich freue mich und beschließe, mir deshalb kein schlechtes Gewissen machen zu müssen.

Das Essen schmeckt herrlich. Es sind nur eine Handvoll Gäste in der Bar, aber die scheinen sich dafür schon ewig zu kennen. Die Herbergsmutter und ihr Mann sind in diesem Weiler geboren. Sie versprechen, mir morgen früh um 8 Uhr die Treppe hinunterzuhelfen.

Prompt verschlafe ich. Um kurz vor acht wache ich nach einem todesgleichen Schlaf auf, und da sich auf der Straße aber auch gar nichts regt, ziehe ich mich in aller Ruhe an. Gegen 9 Uhr kommt der verschlafene Herbergsvater, der sich entschuldigt. Seine Frau habe ihn zu spät geweckt.

Unterwegs erschrecke ich fast zu Tode, als mich ein Radfahrer plötzlich von hinten anspricht. Der Wind weht so heftig, dass ich aufgehört habe, auf Geräusche zu achten. Er plaudert einfach drauflos, über den Weg, dass diese letzte Etappe vor Salamanca für mich problemlos zu bewältigen sei, und wo ich denn wohnen würde. Zum Abschied droht er damit, dass er mich dort vielleicht am Abend besucht und wir etwas gemeinsam trinken könnten.

Ich würde ihn allerdings lieber erwürgen, als jemals wieder auch nur ein Wort mit ihm zu wechseln. Denn ich stehe vor einer Klippe, über die ich nicht hinwegkomme. Eine Passage von höchstens 100 Metern, aber mit so hohen Steinen, dass ich sie nicht befahren kann. Rechts neben mir verläuft in einiger Entfernung die viel befahrene Nationalstraße, und links komme ich den steilen Hang nicht hinauf.

Eine halbe Stunde turne ich herum, dann habe ich mich damit abgefunden, die letzten zwölf Kilometer doch auf der Straße zubringen zu müssen. Und das wegen eines so kleinen Hindernisses.

Zwei Bauern haben auf ihren Traktoren mein Treiben aus der Ferne beobachtet, jetzt kommen sie mir hinterher. Mit der üblichen

Hilfe, wenn ich es am wenigsten erwarte

Selbstverständlichkeit, mit der die Menschen hier Pilgern helfen, wuchten sie mich über die Steine, bevor sie vergnügt mit ihren Monstertreckern wieder zurück auf ihr Feld fahren.

Flaschenpost an historischer Stätte

Ich bin in Salamanca, im Herzen Kastiliens, von vielen als eine der schönsten, wenn nicht sogar die schönste Stadt Spaniens bezeichnet. Die Menschen scheinen hier jünger zu sein, die Biergläser etwas größer und die Bars alternativer. 12 000 Studenten sind hier zu Hause und zahllose junge Menschen aus aller Herren Länder, die Spanisch lernen wollen.

Ich erhole mich in einer Bar bei einem Bier, als plötzlich eine Studentin »El Rey« ruft, woraufhin sich der ganze Laden schlagartig leert, um König Juan Carlos zuzuwinken, der offensichtlich in der Stadt zu Gast ist. Doch wir bekommen ihn gar nicht zu Gesicht, er nimmt eine Parallelstraße.

»Jan, du alter Seebär!«, entfährt es mir kurze Zeit darauf laut, während ich die Menschen um mich herum und vor allem auch die Studentinnen betrachte. Die Folge einer Entwicklung, die ich selbst nicht ohne Sorge beobachte: Bei meinen einsamen Wanderungen habe ich vor einiger Zeit begonnen, besonders lebhafte Gedanken laut auszusprechen. In einer voll besetzten Bar, in der ich allein an einem Tisch sitze, muss das einigermaßen seltsam wirken. Ob der Rollstuhl den Eindruck relativiert?

Unwillkürlich habe ich an den Frankfurter Freund Jan denken müssen, einen Freund, dessen Herz so groß ist wie das Meer. Als 16-Jähriger heuerte er auf einem Schiff an und bereiste fünfzehn Jahre lang die Ozeane. Heute versammelt er die Menschen, denen seine ganze Zuneigung gilt, in seinem Weingeschäft um sich. Immer wenn ich bei ihm bin, meine ich die unendliche Sehnsucht nach Weite zu spüren, wie sie vielleicht nur der Seefahrer kennt.

Eines Tages hatte er uns eine Geschichte erzählt, die sich hier abgespielt haben muss. »Ich war mit ein paar Seemannskollegen in Salamanca im Urlaub. Eine junge Spanierin fiel uns auf, aber keiner von uns traute sich, sie anzusprechen. Ich sprach lediglich zwei Worte Spanisch und war mit meinen jungen Jahren auch etwas schüchtern. Aber die junge Frau ließ uns keine Ruhe. Schließlich hatten wir eine Wette mit hohem Einsatz laufen, also ging ich nach ein paar weiteren Gläsern zu ihr, stellte mich vor sie und fragte: ›Si o no?‹« Ohrfeigen, so erzählte Jan lachend, seien die Antwort gewesen, und zwar heftige wie selten in seinem Leben. In seiner Gruppe war er aber nun der absolute Held. Umso mehr, als sie einige Zeit später zu ihm kam und flüsterte: »Si!«

In der Herberge fragt mich der Hausvater: »Kennst du diese Frau?«, wobei er mir mit einem europäischen Reisepass vor der Nase herumwedelt. Ich mustere das holländische Dokument, und ich erkenne den Vornamen der Pilgerin wieder. Seit gut einer Woche läuft sie offenbar vor mir her und hinterlässt in den Gästebüchern der Herbergen lustige Eintragungen mit Zeichnungen. Fehlt es ihr auch an Austausch, genau wie mir, und deshalb studiert sie alles Lesbare in ihrer Unterkunft und setzt selbst Nachrichten als geheime Flaschenpost ab?

Ich habe schon mehrere Hospitaleros über sie sprechen hören, zuletzt Peter, den Schweizer Banker, der in Fuenterroble die Herberge betreut. Und mit der französischen Pilgerin, die ich vor einer Woche in der Turnhalle in Galisteo getroffen habe, war sie spontan einige Tage nach Fatima in Portugal gereist.

Aber ich kenne sie immer noch nicht selbst. »Sie ist mir seit längerem immer ein bis zwei Tage voraus«, antworte ich endlich. »Sieht sie wirklich so gut aus?«, schiebe ich hinterher und zeige auf ihr Passfoto.

»O ja, sehr«, schwärmt der Herbergsvater, der nicht mehr der Jüngste ist, jetzt aber leuchtende Augen bekommt. »Sie ist groß, schlank, mit sehr langen blonden Haaren und blauen Augen. Außerdem lächelt sie permanent.«

»Sollte ich sie treffen, sage ich ihr, dass hier ihr Ausweis liegt. Mit diesem Gesprächsaufhänger kann eigentlich gar nichts mehr schief gehen«, füge ich hinzu. Peter hatte mich aufgeklärt, dass sie gemeinsam mit einem Mann wandert. Wer weiß – vielleicht ist diese Geschichte schon wieder vorbei? Heißt es nicht, ein intensiv erlebter Tag auf dem Jakobsweg gleiche einem Monat im normalen Leben?

Zentraler und geschichtsträchtiger hätte ich in Salamanca nicht übernachten können. Von meinem Bett aus blicke ich auf den Liebesgarten, Huerto de Calixto y Melibea. Fernando de Rojas hat ihn mit »La Celestina«, einem der bekanntesten und größten Werke der spanischen Literaturgeschichte, unsterblich gemacht. Der verliebte Jüngling Calixto stürzt in selbstmörderischer Absicht von der Leiter und stirbt. Seine Angebetete, Melibea, ist über den Tod ihres Verehrers so entsetzt, dass sie ihrem Leben ebenfalls ein Ende setzt.

Mitten in der Nacht wache ich auf. Meine rechte Hand fühlt sich wie ein Fleischkloß an, ein Klumpen, der stark kribbelt. Mein Hausarzt in Frankfurt hatte bereits vor der Reise eine Entzündung im Unterarm, einen so genannten Tennisarm, diagnostiziert. Er hatte mir eine Sportsalbe verschrieben und als letzte Lösung eine Operation angedroht. Dann sprach er noch davon, dass die motorischen Defizite nicht zu stark werden dürften …

Habe ich die nicht schon längst? Bilde ich mir nur ein, dass sich Daumen und Zeigefinger nicht mehr richtig fest aneinander pressen lassen? Mit vier tauben Fingern kann ich nicht einmal mehr mein Hemd zuknöpfen. Meine Finger gehorchen plötzlich vollkommen träge und übermitteln keine sensorischen Reize mehr ans Gehirn.

Viele Touristen würden sehr viel Geld zahlen, um in dieser geschichtsträchtigen Herberge zu nächtigen. Als Pilger darf man es.

War ich in Fuenterroble bei Don Blas in den vergangenen Tagen noch sicher gewesen, Santiago zu erreichen, überkommen mich heute Nacht größte Zweifel. Mein rechter Arm ist der kräftigere von beiden, mit ihm bewege ich mich zu einem größeren Anteil vorwärts. Schwierige Bergpassagen kann ich gleich vergessen, wenn er nicht voll einsatzfähig ist. Ohne diesen Antrieb komme ich niemals irgendwo an.

Hier in Salamanca ist exakt Halbzeit, vor mir liegen jetzt noch 500 Kilometer, 300 Kilometer davon führen durch das gebirgige Galicien. Zu Hause habe ich mir geschworen, dass ich mit dieser Reise auf keinen Fall meine Gesundheit aufs Spiel setze. Tue ich es bereits? Übertreibe ich, wenn ich entschlossen bin, Tag für Tag aufs Neue alles in eine Waagschale zu werfen?

Auf hoher See und vor Gericht ist man in Gottes Hand, so das Sprichwort, ich ergänze: »Eigentlich immer, besonders auch auf dem Jakobsweg.«

Am Morgen werfe ich eine Spende in die mit *Donativo* gekennzeichnete Blechbüchse der Herberge. Intuitiv weiß ich, dass alles gut und der Weg für mich noch lange nicht zu Ende ist. Selbst in Momenten des Zweifels kann sich meine innere Stimme Gehör verschaffen und mir Mut machen. Es gibt die Wunder des Jakobswegs, und wenn meine innere Stimme mir zur Fortsetzung rät, dann kann der Ausgang nur perfekt sein. Darauf kann ich vertrauen, so viel ist sicher!

Du musst jetzt unter Belastung heilen, rede ich meiner verletzten Hand gut zu. Da ich nicht bereit bin, die Ursache für den Schmerz abzustellen, nehme ich die Wirkung an. »Learn the lesson and move on«, rief uns der schwarze Reverend Randolph in Charlotte, North Carolina, immer zu. Lamentieren hilft weder dir noch deiner Umwelt. Im Gegenteil.

Ich massiere die Hand, es schmerzt wie unter tausend Nadelstichen. Über die Hand zieht sich ein schwarzer Streifen, der Abdruck des Reifens, den ich am Tag 20 000 Mal berühre. Zwei Meter pro Antrieb.

Eigentlich humple ich, nur dass es nicht wie Humpeln aussieht, der Rollstuhl läuft gleichmäßig. Die rechte Hand berührt die Greifreifen nur zögerlich, so ähnlich, wie wenn ich auf zwei Beinen gehend mit einem lädierten Fuß weniger fest auftrete, um Schmerzen zu vermeiden. Das unebene Gangbild erschließt sich dem Betrachter in diesem Fall nur, wenn er die Berührung der Hände am blanken Stahl beobachtet.

Äußerlichkeiten

Aber eigentlich ist für einen Beobachter überhaupt nichts zu erkennen. Es ist wie immer: Egal wie schlecht es mir geht, ich lasse mir nichts anmerken. Das habe ich zu Hause gelernt. Hauptsache, die Fassade stimmt, wie zerbombt es dahinter auch immer aussehen mag. »Wenn es mir schlecht geht, ziehe ich mich zurück wie ein verwundetes Tier und lecke meine Wunden«, höre ich meinen Vater sagen. Schwäche zu zeigen war ihm zuwider.

Meine bewegungslose Miene, meine Angst davor, die Menschen um mich herum in meine Probleme hineinzuziehen, ist die direkte Fortsetzung dieser Haltung. Bin ich eine Belastung, wenn ich mal nicht stark bin? Wenn ich nehme und nicht gebe? Zum ersten Mal sehe ich, wo ich mein Verhalten abgeguckt habe. Wenn ich Sorgen habe, ziehe ich mich zurück, nach außen hin behalte ich aber das Strahlemann-Lachen. *The show must go on.*

Wie hat sie eigentlich begonnen? Als 13-Jähriger habe ich auf die Frage, was ich später einmal werden möchte, stereotyp geantwortet: Vorstandsvorsitzender der Deutschen Bank. Die Vorstellung, wichtige Entscheidungen treffen zu müssen und über viel Geld zu herrschen, faszinierte mich.

Über das Depot meines Vaters erwarb ich mit meinem Taschengeld meine ersten Aktien, bevorzugt aus Neuemissionen, und verfolgte dann mit Spannung jeden Tag den Kursverlauf meiner Aktien. Gerresheimer Glas und Viag waren meine Favoriten. Als mein Vater es versäumte, rechtzeitig Porsche-Aktien zu ordern, machte ich ihm heftige Vorwürfe.

Ich las das Handelsblatt und die Wirtschaftswoche, die mein Vater nach Hause brachte, und begeisterte mich daran, dass der Chef von Walt Disney der bestbezahlte Manager war und 80 Mio. US-Dollar Jahresgehalt verdiente. Lee Iacocca gehörte zu meinen Idolen, der Mann, der den Mustang gebaut und Chrysler saniert hatte, Alfred Herrhausen war sowieso der Größte. In meiner Vorstellung sah alles ganz einfach aus.

Bei meinen Klassenkameraden kam ich mit solchen Themen nicht gut an, sie interessierten sich wie üblich für Sport, Fernsehen oder für Spiele auf dem Computer, es war damals die Zeit des sagenhaften Commodore C64 …

Mein Vater dachte ständig an seinen Beruf, er lebte ganz für ihn. In den Geschichten, die er mir erzählte, gab es viele Beispiele, die zeigten, dass durch Harmonie und Zusammenhalt mit seinem Geschäftsführerkollegen große Dinge möglich waren. Er war es auch, der mir erklärte, dass die Vorstände der Unternehmen, die ich so bewunderte, nicht eigentlich für Geld arbeiten würden. Er selbst würde sich genauso verhalten.

Als ich ihn bei einem Streit einmal anschrie und ihm an den Kopf warf, dass ich es einmal weiter bringen würde als er, sagte er lediglich liebevoll: »Das wünsche ich dir von ganzem Herzen.«

Nachdem ich im Kino »Wall Street« mit Michael Douglas gesehen hatte, lief ich eine Zeit lang nur mit den entsprechenden Hosenträgern und mit Gel in den Haaren herum. Ich fühlte mich unglaublich wichtig. Ein Klassenkamerad von mir rannte dagegen immer schreiend wie John Rambo durch das Gebüsch des Schulhofs; vermutlich waren wir eine ganz normale Klasse.

Mein Vater verdiente damals bestimmt nicht schlecht, aber meine Mutter klagte trotzdem ständig, es sei zu wenig. Anfang der siebziger Jahre hatte unsere Familie einige Jahre am Persischen Golf gelebt, mein Vater führte damals riesige Infrastrukturprojekte durch.

Die wenigen Europäer und Amerikaner, die damals in dieser Region lebten, verfügten natürlich über alle vorstellbaren Privilegien, Personal für Haus, Küche, Garten, großzügige Wohnanlagen, Luxus. Während mein Vater viele hundert Kilometer entfernt irgendwo im Sumpf auf seinen Baustellen arbeitete und nur übers Wochenende mit dem Wasserflugzeug zu seiner Familie zurückkehrte, lebte meine Mutter allein mit meinen Brüdern in ihrem privilegierten Getto.

Zurück in Deutschland wollte sie ihr Leben auf großem Fuß fortsetzen. Sie liebte rauschende Feste, die tagelange Vorbereitungen erforderten und in vielgängigen Menüs kulminierten.

Am eindrucksvollsten fand ich die Fahrten mit ihr zusammen in unserem weißen Jaguar XJ 12. Blaue Ledersitze, Wurzelholz als Armaturenbrett, und sogar bei Tempo 200 absolute Stille im Innenraum. Man konnte sich flüsternd unterhalten, während man fast wie in einem Raumschiff dahinschwebte. »Eigentlich benötigt man zwei von diesen Autos, denn einer ist immer in der Werkstatt«, pflegte meine Mutter laut lachend zu sagen, sehr zum Leidwesen meines Vaters. Wenn sie als blonde Schönheit im Pelzmantel aus dem Auto stieg, konnte sie sich aller Blicke sicher sein.

Meinem Vater dagegen waren Äußerlichkeiten nie wichtig. Nie schien er sich einen neuen Mantel zu kaufen, mit seiner Kleidung reagierte er lediglich auf das wechselnde Wetter. Sie war modisch überholt, aber zweckkonform. Die Bescheidenheit meines Vaters, sein Prinzip »Mehr zu sein als zu scheinen« beeindruckte mich, meine beiden Brüder genossen dagegen den Pomp und die Außenwirkung meiner Mutter.

Ich selbst lief abgerissen herum, die Kaschmirpullover, die mir meine Mutter kaufte, empfand ich als zu kratzig und zog lieber verwaschene, ausgeleierte Nickis in Giftgrün an. Und sosehr ich die Fahrt im Jaguar auch genoss, so peinlich war es mir, mit dem Auto zur Schule gebracht zu werden und unter den Augen meiner Klassenkameraden aussteigen zu müssen.

Es war eigentlich kein Wunder, dass die Ehe meiner Eltern unglücklich war. Mein Vater wollte keine Show, und meine Mutter fühlte sich ungeliebt. Die Stimmung meiner Mutter wechselte schlagartig, von himmelhoch jauchzend bis zu Tode betrübt. An guten Tagen überschüttete sie alle um sich herum mit Geschenken, an schlechten Tagen keifte sie meine Brüder und mich bösartig an. »Hätte ich dich mal abgetrieben«, hörten wir mehr als einmal. Sie war für sich, ihre Familie und ihre Umgebung vollkommen unberechenbar.

1987 beschlossen meine Eltern, sich zu trennen. Meine Mutter hatte herausgefunden, dass mein Vater schon seit längerem eine Beziehung zu einer sehr attraktiven, allein stehenden Frau aus dem engeren Freundeskreis unterhielt.

Es muss wie in einem schlechten Roman gewesen sein: Ein Fehler in der Telefonanlage ließ sie ein Gespräch mithören, das mein Vater mit seiner Geliebten führte. Mein Vater stimmte einer sofortigen Trennung ohne zu zögern zu, ihre hohen Unterhaltsforderungen akzeptierte er ohne zu murren.

Wir Kinder konnten nur dabei zusehen, wie sie eine herrschaftliche Wohnung am Starnberger See mietete und mit Kisten voller Schmuck und Kunstgegenständen ausstattete, die sie Woche für Woche aus unserem Haus abtransportieren ließ. Meinen Vater interessierte das alles nicht.

Mit dem Auszug meiner Mutter wollte ich mich endlich von ihrer Unzufriedenheit und dem Größenwahn, in dem sie lebte, lösen. Meine Leistungen in der Schule litten schon längst unter der Trennungsgeschichte meiner Eltern, ich musste öfters die Schule wechseln. Überall störte ich den Unterricht massiv. Ich lebte das häusliche Chaos und den fehlenden Rückhalt offensiv aus.

Eigentlich wollte ich vermutlich Grenzen gezeigt bekommen, aber meine Mutter konnte nur schreien und mein Vater wühlte sich in seine Arbeit ein. Meine Fingernägel waren blutig abgekaut, keine noch so bittere Nageltinktur konnte mich stoppen. In diesen Monaten gab es eigentlich nur unseren Hund Bella, dem ich mich nah fühlte.

Das Ende

Viele Jahre lang verbrachten wir Weihnachten in Saalbach-Hinterglemm. Nun wollten wir hier ein letztes Mal als Familie feiern, zu fünft an einem Tisch. Der Eklat war vorprogrammiert, nur wusste niemand, wann es knallen würde.

Das Geschenkeverteilen rettete uns noch über den Beginn des Weihnachtsabends, aber irgendwann stritt sich meine Mutter heftig mit meinem mittleren Bruder, den sie über alles liebte, der ihr aber inzwischen auch das Gefolge verweigerte. Mein ältester Bruder saß mit großen Augen daneben und wusste nicht, wie ihm geschah. Er liebte meine Mutter abgöttisch.

Am ersten Weihnachtsfeiertag reiste sie ab, nachdem der Streit vollends eskaliert war. Irgendwie waren wir froh darüber, es ging einfach nicht. Abends machten wir uns Luft und gingen Rodeln und uns Austoben. Keiner sprach ein Wort über das, was vorgefallen war.

Am zweiten Feiertag reisten dann meine Brüder ab, ich meldete mich in einem Skikurs an.

Als mein Vater am nächsten Tag abends in unser Apartment kam, wusste ich sofort, dass etwas Schlimmes geschehen war. Zum ersten Mal überhaupt sah ich ihn weinen.

»Du hast jetzt keine Mutter mehr«, sagte er mit tränenerstickter Stimme zu mir.

Ich muss ihn nur fragend angesehen haben.

»Sie ist tot. Ich komme gerade aus Salzburg, wo ich sie identifizieren musste.«

Ich brach zusammen und legte mich heulend ins Bett. Wie in weiter Ferne hörte ich, wie mein Vater am Telefon allen die schreckliche Nachricht mitteilte. Mit mir redete er nicht mehr. Auch später erklärte mir keiner, was geschehen war, man ließ mich in dem Glauben, es sei ein Unfall gewesen. Ein Autounfall. Bis zu meinem Abitur sollte ich die Geschichte so erzählen.

Meine Brüder kamen zurück, und wir saßen alle mit roten Augen um einen Tisch im Hotelrestaurant. Alle schwiegen wir, jeder ging auf seine Art und Weise isoliert damit um.

»Wenn ich das gewusst hätte, wäre ich mit ihr spazieren gegangen und hätte versucht, das Schlimmste zu verhindern«, erklärte uns die Hotelmanagerin. Ich stand nur ratlos daneben, wollte aber nicht nachfragen. Sie war für mich nicht tot, sondern nur fortgegangen. Ich erwartete, dass sie mir zu Hause wieder die Tür aufmachen würde, als ob nichts geschehen wäre.

Die Beerdigung fand am 31. Dezember statt, alles sollte im alten Jahr bleiben.

Ich weigerte mich Abschied zu nehmen, flüchtete mich in eine Scheinwelt und lehnte eine Teilnahme an der Beerdigung ab. Mein mittlerer Bruder, mit dem sie sich zuletzt gestritten hatte, hielt in der Offiziersuniform der Gebirgsjäger Totenwache. Es sah aus, als sühnte er so den Streit, durch den er sich für ihren Selbstmord verantwortlich fühlte.

Als junge Frau war meine Mutter schnurstracks dem Erstbesten in die Arme gelaufen, der sie aus ihrem Elternhaus befreien konnte. Von ihrer Mutter war sie oft geschlagen worden, krankenhausreif, wie es hieß. Diese erste Ehe meiner Mutter wurde kurze Zeit später schon wieder geschieden, und nach einer Affäre mit ihrem Beichtvater heiratete sie, bereits schwanger mit meinem Bruder, meinen Vater. Das Kind kam mit einer Hasenscharte auf die Welt.

Später kam dann endlich ihr lang ersehnter Sonnenschein: Als zweites Kind bekam sie einen blonden Jungen mit blauen Augen, der nie schrie und sehr früh schon sehr selbständig war. Endlich der schöne Junge, der ihrer ebenbürtig war und mit dem sie sich nicht zu schämen brauchte.

Es folgten die sieben Jahre am Persischen Golf und in Nigeria, dann wurde ich geboren. Ich kam in einer Privatklinik in Siegen zur Welt, zu einem von meiner Mutter festgesetzten Termin. Sie hatte die Sterne befragt und eine günstige Konstellation am 22. November festgestellt, Sternzeichen Skorpion, Aszendent Skorpion.

Bei meiner Geburt war sie allein, mein Vater war noch im Ausland und ihre Mutter kam aus Missbilligung nicht zu ihr.

Was war hier nicht zu billigen, fragte ich mich später oft. Die Eltern hatten mit einem Kind ihre kriselnde Ehe retten wollen.

Stierblut

Vielleicht zum ersten Mal auf meiner Wanderung bedauere ich es wirklich, dass die Regeln so streng sind und niemand länger als eine Nacht in seinem Pilgerquartier bleiben darf. In dieser herrschaftlichen Unterkunft mit so hohen Decken, als läge man mitten in einem Kirchenschiff, und dermaßen geschichtsträchtiger Umgebung wäre ich bestimmt noch geblieben.

Aber im von Treppen durchzogenen Salamanca nach einem Alternativquartier zu suchen, empfinde ich als zu kompliziert. Außerdem fällt mir plötzlich auf: Mir ist hier kalt.

Nach wenigen Schritten befinde ich mich vor dem Portal der Kathedrale. Ein letzter Blick, und ich ziehe meines Wegs. Bald schon habe ich die Stadtgrenze von Salamanca erreicht.

Hoch über mir in den Lüften ziehen zwei Adler ihre gleichmäßigen Kreise. Sie scheinen ihre Freiheit auszukosten. Spirituell ermahnen Adler zur Änderung der eigenen Perspektive und zu einem höheren Bewusstsein. Ich nehme die Ermahnung auf, für einen Moment kann ich dadurch sogar den donnernden Schwerverkehr neben mir leichter ertragen.

Die Vía de la Plata buchstabiert sich heute grau und nüchtern: N-630. 50 Meter neben der Nationalstraße verläuft der Trampelpfad der Pilger. Ich bleibe auf dem linken Seitenstreifen, Stirn an Stirn dem entgegenkommenden Verkehr trotzend. Autos. Tausende. Luftsog. Schnell vorankommen, Hauptsache weg hier. Meine Ohrstöpsel, die ich in diesen Momenten immer benutze, geben mir das Gefühl, wie auf Watte zu laufen. Alles ist gedämpft.

Erst jetzt bemerke ich, wie viele Eindrücke ich bei meiner Wanderung über das Gehör aufnehme. In der Stille wird das monotone Knirschen gelegentlich von Tierlauten durchbrochen. Schon ein Lufthauch wirkt in dieser Geräuschlosigkeit laut. Ich ziehe mich ganz in mein schallgedämpftes Inneres zurück und hoffe, dass ich diesen Abschnitt bald hinter mir habe.

Gleichgültigkeit überfällt mich. Stumpf berühren meine Hände den Reifen. Auf dem flachen harten Asphalt reicht ein leichtes Streicheln, um viele Meter zu rollen. Atmen, antreiben, rollen lassen. Mehr ist hier nicht zu tun. Ab und zu verströmen vorbeifahrende Autos durch ihre offenen Fenster süßliche Gerüche von den künstlichen Luftauffrischern, die am Rückspiegel baumeln. Eine zweifelhafte Abwechslung zu den Abgasen.

An der Straße stehen Warnhinweise, keine Tramper mitzunehmen – das Gefängnis ist kaum zu übersehen. Hier abzuhauen ist bestimmt nicht leicht, die Sicht reicht kilometerweit.

Endlich. Wie ein Autofahrer lese ich auf dem Ausfahrtsschild den Namen des nächsten Ortes, El Cubo della Tierra del Vino. Und genau wie ein Auto, biege ich von der Nationalstraße ab und lasse den Lärm hinter mir. Endlich Stille, wer will auch schon in so ein entlegenes Nest, außer verrückten Pilgern?

Tina heißt die grantige Zugehfrau von Don Thomas, dem steinalten Pater vor Ort. Ich werde von ihr widerwillig zu der Kirche gebracht, in der sich einige Zimmer für Pilger befinden.

Ganz offensichtlich will sie nicht wahrhaben, dass ich allein unterwegs bin, und denkt, ich wolle sie an der Nase herumführen. Allein könnte ich hier nicht bleiben, teilt sie mir mit, ausgeschlossen. In der Herberge sei niemand, der mir helfen könnte, wenn etwas passieren sollte.

Schließlich kann ich sie aber doch überreden, mich für eine Nacht bleiben zu lassen. Sie hilft mir sogar noch über die eine Stufe am Eingang hinweg und verrückt die Betten etwas, damit ich mich in dem Zimmer frei bewegen kann.

Für einen Querschnittgelähmten gibt es zwei Positionen: sitzen oder liegen. Den ganzen Tag eine aktive Sitzhaltung einzunehmen, ist natürlich anstrengend, nur Liegen ist wirklich erholsam. Zudem ist mein Aktivrollstuhl so kompakt konzipiert, dass er keinen Zentimeter zu lang und keinen Zentimeter zu breit ist. Eine Couch fühlt sich da anders an.

Ohne Umschweife lege ich mich ins Bett und genieße die Stille. Erschöpft wie ich bin, bleibe ich sehr lange liegen. Zu jeder vollen Stunde höre ich das Läuten der Kirchenglocken direkt neben meinem Bett.

Plötzlich weckt mich ein verschrobener Padre und fährt mich an: »Warum hast du die Betten verschoben?«

Mit dem Finger zeige ich auf den Rollstuhl, was ihn abrupt gnädig stimmt. Er nimmt jetzt sogar meine nasse Wäsche zum Trocknen mit und lädt mich zum Abendessen zu sich nach Hause ein. Es ist 5 Uhr nachmittags.

»Du bist Martine«, sage ich zu der jungen Frau, die plötzlich vor meinem Bett steht. »Dein Ausweis liegt in Salamanca in der Herberge, soll ich dir von dem Herbergsvater ausrichten.«

Eine ungewöhnlich schroffe Begrüßung, wie ich mich selbst gleich tadle. Ich bin etwas verwirrt. Nach all den raunenden Andeutungen hatte ich sie mir anders vorgestellt, irgendwie hübscher. Wie aber soll jemand nach sechs Stunden Staub- und Abgasschlucken noch gut aussehen?

»Mein Freund Thomas und ich nehmen das Zimmer auf der anderen Seite, aber du hast das einzige Bad. Dürfen wir es mitbenutzen?« Ein hagerer Schweizer gesellt sich zu ihr, der mit seinem Mützchen aussieht, als käme er direkt von der Alm.

»Einverstanden, räumt einfach meine Sachen zur Seite.« Ich lade sie ein, mit mir zusammen bei Don Thomas zu Abend zu essen.

Wir kaufen im Supermarkt noch eine Flasche Wein als Geschenk und unseren Proviant für den nächsten Tag, dann suchen wir den Pater auf.

Seine Wohnung befindet sich direkt neben der Bar, wohin wir eigentlich viel lieber gegangen wären, um uns in Ruhe zu unterhalten. In der ärmlich engen Behausung von Don Thomas hängen die Decken so tief, dass Martine und Thomas ihre Köpfe einziehen müssen. Kein einziges Bild hängt an den weiß getünchten Wänden des schmalen Ganges zur Küche. Überall stehen dafür Mausefallen herum, auf einer gammeligen Kommode liegt Rattengift aus.

Unseren Wein lehnt der Gastgeber rundweg ab. »No me gusta«, fertigt er uns ab und holt eine offene Flasche mit Sangre de Torre, einem schweren Rotwein, aus dem Schrank. Stierblut nennen das die Spanier.

Wir sitzen an dem kleinen runden Tisch in der schmutzigen Küche und lachen angesichts der skurrilen Situation still vor uns hin. Er kocht nur für uns, da er selbst schon gegessen hat, wie er sagt.

»Ob er uns wohl Rattengift serviert?«, frage ich auf Englisch in die Runde, und in unserer Fantasie sehen wir uns schon im Garten verscharrt.

Das Essen ist lausig. Wahrscheinlich wartet jeder von uns heimlich auf die Wirkung des Giftes.

»Wer weiß eigentlich, dass wir hier sind? Meinen Aufenthaltsort kennt niemand, ihr beide seid die einzigen Zeugen«, spinne ich die Geschichte munter weiter. Wer würde uns schon im Garten eines Padre suchen!

Nach dem Essen erbittet Don Thomas eine Spende für seine Auslagen. Die Scheine, die wir ihm geben, reichen ihm jedoch nicht. Er bekommt einen Wutanfall. »Täglich kommen Pilger, und ich muss sie alle bekochen. Von dem Wenigen, was ihr mir gebt, kann ich unmöglich morgen für die nächsten Pilger sorgen.« Dabei hatten wir dem gierigen Gottesmann mehr gegeben, als wir in der benachbarten Bar für das ganze Essen inklusive aller Getränke bezahlt hätten.

Nach einem gemeinsamen Foto beruhigt er sich dann doch und bittet uns, es ihm zuzusenden. »Tienes Internet?« Unsere Frage nach einem Internetanschluss versteht er nicht, er will das Foto einfach per Post geschickt bekommen.

In der Herberge trinken wir im Schein der brennenden Altarkerze unser Gastgeschenk anschließend selbst. Uns kullern die Tränen vor Lachen über die Wangen. Wie konnten wir so naiv sein zu erwarten, dass der geschäftstüchtige Padre eine herzliche Einladung aussprechen würde. Er wollte seine kleine Rente aufbessern, mehr nicht, und wer ist dafür besser geeignet als die täglich vorbeiziehende Karawane der Pilger, die alle vergleichsweise gut mit Geld ausgestattet sind.

Martine arbeitet als Kindergärtnerin. Nach einem Jobwechsel nutzt sie die Zeit auf der Vía de la Plata, um Gott näher zu kommen. Erst vor einigen Jahren ist sie nach Abschluss ihres Studiums schon einmal allein von Holland nach Santiago gelaufen. Sie kann es überhaupt nicht verstehen, dass meine Freunde und Kollegen es merkwürdig finden, dass ich so lange auf dem Jakobsweg unterwegs bin.

Der Bekanntenkreis von Thomas ist wie meiner weniger sehnsüchtig nach Weite, Selbsterkenntnis und spiritueller Erfahrung. Jakobspilger befinden sich nicht darunter. Er arbeitet in Berlin als Drehbuchautor, hauptsächlich schreibt er für Schweizer Produktionen. Er geht den Weg in drei Etappen und begründet seine Motivation mit Heidegger: »Der Mensch muss sich vergrößern.« Vielleicht soll der Mensch auch nur die Größe durchschreiten, lautet seine Interpretation. »1000 Kilometer sind doch schon ein großer Anfang«, erklärt er.

In meinem Zimmer hängt ein Plakat: »Un amor es grand, cuando es libre.« Mit diesem Satz schlafe ich ein, die brennende Altarkerze taucht den Raum in warmes Licht.

Kein Durchgang

Für mich sind Wallfahrten und Pilgerschaften grundsätzlich verschiedene Dinge. Wir sind alle Pilger, und auch wenn wir uns körperlich nicht bewegen, so fließt doch ständig alles. Wir entwickeln unsere Sicht auf die Welt weiter, wir schließen neue Freundschaften und beenden alte. Vielleicht suchen wir uns einen neuen Arbeitsplatz oder einen neuen Wohnort. Wir befinden uns stets auf der Reise.

Fragt ein erstaunter Tourist einen Mönch im Kloster: Warum haben Sie denn so wenig Sachen? Entgegnet der Mönch: Wo sind denn Ihre? Aber ich bin doch nur auf der Durchreise, erklärt der verblüffte Tourist. Sehen Sie, wir auch.

Eine Wallfahrt ist religiös motiviert, um Buße zu tun oder ein Versprechen einzuhalten. Vielleicht erhofft sich derjenige auch, am Grab des heiligen Jakobus in Santiago de Compostela etwas zu erhalten. Das ist weder gut noch schlecht, sondern lediglich anders als eine spirituell motivierte Pilgerschaft.

Der Jakobsweg ist so breit wie lang, jeder muss seinen eigenen finden und gehen. Die Gründe, sich auf den Weg zu machen, sind für jeden Pilger andere. Pilgern ist ein Ethos, eine Lebenseinstellung, eine Geisteshaltung. Eine Wallfahrt dagegen ist eine Reise zu einem heiligen Ort auf dieser Welt, nach Rom, nach Jerusalem, oder eben nach Santiago.

Ironischerweise habe ich noch nie das tatsächliche Grab des heiligen Jakobus in Santiago aufsuchen können: Der Durchgang ist zu eng für meinen Rollstuhl.

Am nächsten Morgen verlassen wir die Kirche bzw. unsere Herberge jeder allein. »Martine möchte die ersten Stunden des Tages immer allein sein«, verabschiedet sich Thomas als Erster.

Es ist kalt, bei dem neunten Glockenschlag, den ich hinter mir höre, befinde ich mich auf einem Weideweg in Richtung Zamora. Erst von hier aus sehe ich, dass am Turm unserer Kirche Lautsprecher befestigt sind. Die Glocken, die mich gestern Nachmittag so romantisch in den Schlaf bimmelten, kamen also von einem Tonband. Soll ich enttäuscht sein?

Auf alle Fälle bin ich fest entschlossen, heute nicht auf die Straße auszuweichen, die sich lautlos als graues Band am Horizont abzeichnet. Mit Schaudern denke ich an den Lärm zurück, der mir gestern den Nerv geraubt hat.

Ich gleite dahin und singe lauthals, wie ich es hier oft tue. Jeden mir noch so vage im Gedächtnis befindlichen Song interpretiere ich jaulend im Stil von Axel Rose, dem Sänger von Guns 'n' Roses. Ich hatte schon eine Karte für das Konzert gehabt. Damals, im Juni 1993.

Bauern bei der Ernte, sie arbeiten gebückt auf dem Feld. Ihre unverschlossenen Autos parken am Wegrand, der Schlüssel steckt. Wie wäre es, schießt es mir durch den Kopf, ein Auto zu kapern und Wanderung einfach mal Wanderung sein zu lassen? Nur für ein paar Kilometer, ein bisschen Abwechslung ... *From Dusk till Dawn*, ein Roadmovie von Quentin Tarantino, einmal anders.

Bei dieser schrägen Fantasie fällt mir die Erzählung ein, die ich einmal von einem frisch verletzten Rollstuhlfahrer gehört habe. Die Sehnsucht, wieder Autofahren zu wollen, übermannte ihn. Er war allein zu Hause. Vor der Tür parkte der Minivan seiner Eltern, mit Automatikgetriebe. Er griff sich die Autoschlüssel, zwei Regenschirme und stieg ein. Den Rollstuhl warf er auf die Rückbank. Mit dem einen Schirm auf dem Gaspedal und dem anderen auf der Bremse fuhr er los. Er wurde immer schneller, und in einer Kurve verlor er die Kontrolle über das Fahrzeug und überschlug sich. Als er aus dem Koma erwachte, erklärte ihm der Arzt, dass er einen Unfall gehabt und sich die Wirbelsäule gebrochen habe.

»Aber wieso, ich bin doch schon querschnittgelähmt«, fuhr er den Arzt entgeistert an.

»Ja, schon«, entgegnet ihm dieser, »ab jetzt aber ein paar Wirbel höher.«

Eine Lähmung einen Wirbelkörper höher bedeutet eine weitere Muskelpartie, die nicht mehr vom Gehirn angesteuert wird. Wolfgang Schäuble ist zum Beispiel drei Wirbel höher gelähmt als ich und verfügt somit über weniger aktiv unterstützende Muskulatur. Bei Interviews stützt er sich mit den Ellenbogen auf der Tischplatte auf, um freier gestikulieren zu können.

Ein Kollege von mir in der Bank sitzt auch im Rollstuhl. Er ist von der Halswirbelsäule ab gelähmt. Wegen seines einigermaßen zynischen Humors nenne ich ihn nur Harald Schmidt. Offiziell wird ein ab der Halswirbelsäule gelähmter Mensch als Tetraplegiker bezeichnet.

»Hey, Hobby Querschnitt«, begrüßt mich mein Kollege oft. Ich habe ihn noch nie mit schlechter Laune erlebt. Im Vergleich zu ihm bin ich fast das, was für mich eine gehende Person ist. Er kann seine Hände nicht mehr bewegen, der Großteil seines Alltags ist für ihn nicht ohne Hilfe zu bewältigen. Schon ein zu festes auf die Schulter Klopfen schleudert ihn vornüber auf die Knie.

Die Muskelpartien, die er aktiv zu steuern vermag, sind an einer Hand abzählbar. Der Königsmuskel ist sein Bizeps, der ist verdammt zäh und belastbar. »Sei vorsichtig, sonst hole ich mit meinem Tetrahaken aus«, droht er mir immer.

Mit diesem Haken könnte man ihn wahrscheinlich mindestens zehn Minuten an einer Reckstange aufhängen, ohne dass er müde werden würde. Ein erstaunlicher Mensch mit jeder Menge Überlebenshumor!

Promotionszwang

Ganz wie bei Pilgern genügt auch unter Rollstuhlfahrern ein einziger Blick, um einen gemeinsamen Nenner zu finden. Viele Erfahrungen decken sich. Natürlich reagiert jeder Einzelne anders auf die vollständig veränderte Lebenssituation, und der Umstand, dass man sich ab jetzt der gleichen Fortbewegungsmethode zu bedienen hat, macht aus Individuen noch keine homogene Gruppe. Grundsätzlich jedoch gilt, dass jeder Querschnittgelähmte besondere Aufmerksamkeit bekommt.

»Oh, ich habe Sie nicht gesehen, sonst hätte ich Ihnen geholfen«, entschuldigt sich eine Frau ungefragt vor einem Geschäft, vor dessen Eingang sich eine hohe Stufe befindet.

Ich bin unschlüssig, ob ich überhaupt hineingehen will, doch sie nimmt mir die Entscheidung ab und schiebt mich mit der gleichen Technik, wie man einen Kinderwagen über eine Schwelle hebt, schon in das Geschäft. Soll ich dankbar sein? Soll ich mich wehren? Oft bin ich hin und her gerissen. Auf die richtige Dosierung der Hilfeleistung kommt es an, zu viel ist schlechter als zu wenig. Nur dann mobilisieren sich die Selbstheilungskräfte.

»Toll, wie Sie das machen«, klopft mir ein Unbekannter im Supermarkt auf die Schulter. Aus einem zwei Meter hohen Regalfach fische ich nach einem Marmeladeglas, indem ich es mit einem Karton Cornflakes, der gerade griffbereit im Nachbarregal steht, am Deckel berühre und über die Kante schiebe, um es in freiem Fall direkt in dem auf meinem Schoß platzierten Einkaufskorb landen zu lassen. »Menschen wie Sie geben unheimlich viel Kraft.«

Was projizieren Menschen in mich hinein? Ich habe lediglich die Entscheidung getroffen, weiterzuleben und, wie beim Kartenspiel, die Hand, die mir der Croupier gegeben hat, zu spielen. Meine Situation ist neutral, entscheidend ist, was ich daraus mache.

»Ich glaube, du hast noch kein wirkliches Verständnis von der Außenwahrnehmung von Behinderten«, erklärt mir einmal ein 50-jähriger Rollstuhlveteran, der von Geburt an gelähmt ist. »Du ziehst eine Show ab, als ob du gar nicht im Rollstuhl sitzen würdest oder gar nicht wüsstest, wie das auf andere wirkt. Niemand will etwas mit einem Krüppel zu tun haben.«

Ich widerspreche ihm heftig. »Ich bin nicht behindert. Vielleicht habe ich einmal im Leben Pech gehabt, aber deshalb lasse ich mich doch nicht davon abbringen, weiterzumachen und ein erfülltes Leben zu haben.«

»Keine Frau ohne Helfersyndrom lässt sich auf Behinderte ein«, faucht er mich an.

Ich bin verwirrt. Was stimmt? Ist der Mann mit seinem Leben mit Behinderung so frustriert, oder will er mich provozieren, oder mache ich mir vielleicht etwas vor? Sogar meine Freundin verblüfft mich, als sie mir erklärt, dass es einen Rollstuhlabzug bei der B-Note – dem Aussehen – gebe. Natürlich würde sie bei mir überhaupt nichts abziehen, wie sie gleich versichert.

Seltsam, solche Gespräche musste ich in den USA nie führen. Dort war lediglich immer die unausgesprochene Frage, ob man's im Bett noch bringt. Wenn das geht, ist der Rest auch nicht weiter tragisch ...

Das eigentlich Mühsame besteht darin, immer wieder beweisen zu müssen, mindestens genauso gut zu sein wie der Wettbewerber ohne Rollstuhl neben mir. Nie habe ich die Worte des Chefarztes in Bad Wildungen vergessen: »Jetzt werden Sie behandelt wie eine Frau, das heißt Sie müssen mindestens promovieren.«

Egal wie sehr ich kämpfe, nie befinde ich mich auf Augenhöhe. Im übertragenen Sinn, aber auch im wörtlichen. Wie oft wird eine Antwort auf eine von mir gestellte Frage, zum Beispiel an einem Schalter bei der Bahn, an die Person gegeben, die neben mir steht und automatisch als zu mir gehörend interpretiert wird.

Meine Freunde sind wenigstens schon so konditioniert, dass sie schulterzuckend dann auf mich verweisen, schließlich bin ich der Fragesteller und kann mit der Antwort sicher am meisten anfangen.

Freilich weiß ich, dass auch ich vor meinem Unfall nie junge Rollstuhlfahrer wahrgenommen habe. Ich erinnere mich, wie ich eines Tages kurz einen Freund in der Stadt treffen wollte, aber absolut jeder Parkplatz nahe der Fußgängerzone belegt war. Nur die mit einem Rollstuhlsymbol waren frei. Ich parke ja nur ganz kurz, dachte ich mir, obwohl ich ein schlechtes Gewissen hatte. Als ich wiederkam, war der Wagen abgeschleppt. Seither denke ich, unberechtigtes Parken auf diesen Flächen bedeutet Unglück.

»Weißt du, warum wir beide in der Rollstuhlszene nicht akzeptiert werden?«, frage ich einmal einen Bekannten, der sich überaus stark für Menschen mit Behinderungen engagiert, jedoch selbst bis auf drei Bypässe keine sonstigen körperlichen Defizite hat. »Du wirst nicht akzeptiert, weil du nicht im Rollstuhl sitzt, und ich nicht, weil mein Kopf nicht Rollstuhl fährt, sondern fliegt.«

»It matters where your head is at«, rief Paul Stanley, der Sänger von Kiss, seinen Fans bei einem Konzert zu. Er ist frei.

Ein Bauer winkt mich zu sich und schenkt mir eine Wassermelone. Schon seit einiger Zeit laufe ich an Feldern, übersät mit fußballgroßen Früchten, entlang. Die Versuchung, mir einfach eine zu nehmen, war groß, aber da ich nicht leicht in das Feld hineingekommen wäre, habe ich widerstanden.

Umso dankbarer verschlinge ich die Melone in der prallen Sonne, mitten auf dem Weg. Die Klinge des Schweizer Taschenmessers ist zu klein, ich muss die Melone aufbrechen. Sie ist innen kühl, sie hat die Temperatur der Nacht konserviert. Erstaunlich wenig süß löscht sie sofort den Durst und stillt den Hunger. Frischer als hier kann sie nicht sein.

Nur ein paar Minuten weiter stehen einige Schatten spendende Bäume, eine ideale Oase für eine Rast. Als ich dort ankomme, liegen bereits Martine und Thomas im Gras unter den Bäumen.

Camino Stillleben

Hier ist es deutlich angenehmer als unter der Sonne, gemeinsam genießen wir die übrig gebliebene Hälfte der Frucht. Aus der geplanten kurzen Pause wird so eine deutlich längere. Aber wie schön ist es, nicht allein zu sein! Sie erzählen mir von ihrem kurzen Halt in Villanueva de Campeán, einem dermaßen kleinen Weiler, dass ich ihn in nur zwei Minuten durchquert hatte. In der Bar hatte die Frau hinter dem Tresen den beiden von einem Pilger im Rollstuhl erzählt, von dem sie gehört habe. Thomas verspricht ihr, mir Grüße auszurichten und Gottes Segen zu wünschen.

Ein wenig beneide ich sie um ihre Camino-Liebe. Durch die erhöhte Sensibilität auf dem Weg setzt sie vermutlich viel tiefer an, als das im Alltag der Fall wäre. Allein die Suche nach dem Warum der Pilgerschaft lässt bei ehrlicher Antwort einen tiefen Blick in die Seele des Anderen zu.

Aus dieser Intimität wieder an die Oberfläche zurückkehren zu müssen, fällt schwer. Wie anders geht es etwa im Berufsalltag zu. Dort zählt nur Professionalität, die eine gewisse Neutralität und nicht selten Gefühlskälte provoziert. Jeder igelt sich ein. Wie oft aber sehe ich in den Augen der Menschen einen Funken flimmern, der nie völlig verlöscht. Etwas Wind und ein wenig Nahrung können die Flammen auflodern lassen. Was für eine Kraft wird da sichtbar! Viele Pilger entdecken diese dauerhafte Quelle tief in ihrem Innersten auf der Reise.

Martine und Thomas haben ihren Austausch untereinander, lernen sich kennen und lieben. Ich war lange Tage und Nächte allein in der spanischen Weite, aber nie einsam. Ich habe dabei mich und meine unsichtbaren Engel besser kennen und lieben gelernt.

Besonders an diesem Vormittag spüre ich, nicht allein zu gehen. Ein unsichtbarer Begleiter schreitet neben mir her, hält an, wenn ich innehalte, und geht schneller, wenn ich beschleunige. Ich habe die ganze Zeit ein warmes, wohliges Gefühl. Meine Gedanken sind sanft und leise, voller Frieden und Zuversicht.

An einer sandigen Stelle versacke ich tief, der Rollstuhl steckt fest und bei jedem Antriebsversuch drücke ich mich fast aus dem Rollstuhl. Im Zickzackkurs versuche ich Stellen zu finden, wo der Untergrund hart ist. Ich fluche lauthals und fühle mich augenblicklich freier.

Sicherlich kannst du schimpfen, sagt der Begleiter zu mir, aber das ist kein Tribut an Gott. Im Grunde deines Herzens ziehst du mit Fluchen negative Kräfte an, die wie Schleier wirken. Auch wenn Dinge nicht so verlaufen, wie du möchtest, und dich die Umstände quälen, fokussiere dich auf ihn, auf seine Kraft; mache sie dir zu eigen. Dann wirst du stets voller Zuversicht den nächsten Schritt gehen, gleichgültig, wie anstrengend es dir vordergründig erscheinen mag.

Vor Glück über diese liebevollen Worte laufen mir Tränen über die Wangen. Mit meinen schmutzigen Händen wische ich sie nicht ab, sie hinterlassen feine Linien in meinem staubigen Gesicht, bevor sie auf meine Hose tropfen.

Die nächste sandige Stelle ist schlimmer als die vorherige. Kurz innehaltend beherzige ich die erst vor wenigen Minuten vernommene Eingebung. Objektiv schiebe ich mich schwerfälliger voran, fühle mich aber dennoch, als ob ich getragen würde.

Ob ich diese Erfahrung einem Menschen, der noch nie gepilgert ist, vermitteln kann, ohne dass er mich für einen religiösen Spinner hält?

Martine, Thomas und ich fühlen uns jung, energiegeladen und voller Leben. Schweiß, der Boden, auf dem wir gehen, und ein Ziel, das noch Tage entfernt liegt, verbinden uns. Wieder wird der jetzt ansteigende Weg sandig, wieder verlangsamt sich mein Tempo. Sie sind zu tief in ein Gespräch vertieft, als dass sie mich weiter beachten, kurz darauf sind sie schon außer Rufweite. Als ich endlich die Anhöhe erreiche, sind sie nur noch kleine Punkte in der Ebene vor mir.

»Ich dachte, wenn du so weit gekommen bist, benötigst du keine Hilfe«, erklärt mir Thomas später achselzuckend.

Ist es das, was ich mit meinem offensiven Auftreten suggeriere: dass ich autark bin und keine Unterstützung brauche? Ich empfinde hier eine feine Grenze: Dinge wirklich selber bewältigen zu können, oder aber das Ziel nur mit einem unverhältnismäßig hohen Kraftaufwand zu erreichen. Kaum jemand spürt den Unterschied. Hier zum Beispiel hätten ein paar Minuten Unterstützung verhindert, dass ich eine halbe Stunde lang stupide wie ein Wüstenfuchs vor mich hin kämpfen muss. Oder bedeutet das, ich muss direkter um Hilfe bitten?

Kurz vor der Stadtgrenze von Zamora habe ich sie trotzdem eingeholt. Allerdings nicht, weil ich so schnell vorangekommen bin, sondern weil sie eine weitere Pause eingelegt haben. Mit geröteten Wangen begrüßen sie mich. Camino Love.

Dann stoppt das nächste Loch im Reifen meine Weiterfahrt. »Da musst du wohl flicken. Wir kümmern uns um die Unterkunft und halten dir ein Bett frei. Wir melden uns per SMS und sagen dir, wo wir sind«, sagt Thomas.

Vor Wut hätte ich aufspringen und den Rollstuhl in lauter Kleinteile hacken können. Den ganzen Schrott hätte ich dann in den Fluss, der Zamora so außerordentlich romantisch umspült, geworfen. »Heilung durch Wut« hätte ich jedem mit blitzenden Augen zugezischt, der mich gefragt hätte, warum ich plötzlich wieder laufen kann.

Im Moment sehe ich vor Wut einfach nur rot. Ich empöre mich über das Ausgeliefertsein, die Unberechenbarkeit des nächsten Schrittes und meine permanente Hilflosigkeit. Nach einem langen und teilweise anstrengenden Tag habe ich absolut keine Lust, unmittelbar vor dem Ziel mitten in der stechenden Sonne einen Reifen zu flicken. Ich wünsche mir Erholung, aber ich bekomme einen Schlag in die Fresse.

Ich hadere mit Gott. Nichts kann ich auf diesem grauenhaften Weg im Voraus planen. Wenn ich einmal glaube, schon nichts mehr tragen zu können, bekomme ich prompt eine zusätzliche Portion oben drauf gepackt. Ich sitze mit schmerzenden Händen auf einer Bank, beäugt von Spaziergängern, die vorbeischlendern, und beginne, missmutig den Reifen auszubauen. Martine und Thomas sitzen bestimmt schon bei einem kühlen Bier.

Woher kommt diese rasende Wut? Hat es damit zu tun, dass eine Art lähmender Angst, die mich im geregelten Frankfurter Umfeld umgibt und permanent für Druckausgleich sorgt, hier von mir abgefallen ist?

Je länger ich darüber sinniere, umso befreiender kommt es mir vor, nach Herzenslust toben zu können, wenn mir danach ist, ohne den Job oder die Beziehung aufs Spiel zu setzen. Keiner kennt mich hier, und kaum jemand wird mich hier in der Weite der spanischen Landschaft hören. Ich kann also nach Herzenslust schäumen und wirbeln, die Lektion des Vormittags ist verdrängt. Hier wird kein Gefühl unterdrückt, es muss heraus. Die Erkenntnis ist banal: Es verändert sich nichts durch ein reinigendes Gewitter, aber die elektrostatische Spannung hat sich entladen und der Regenschauer lässt Altes in frischem Glanz erstrahlen.

Wie oft hat mir Wut Kraft gegeben, einen angefangenen Weg zu beenden und zusätzliche Kräfte zu entwickeln, die Unmögliches haben möglich werden lassen. Habe ich diese Wut mit auf die Welt gebracht, mit der Chance, sie hier zu heilen?

Vielleicht ist mir auch nur die Sonne zu Kopf gestiegen. Abhängig davon, auf welchem inneren Abschnitt der Reise man sich befindet, ist die Offenheit für ein Gegenüber bei den Pilgern mehr oder wenig stark. Besonders am Anfang sind die meisten am Nächsten interessiert. Was hat ihn auf den Weg gebracht, was erhofft er oder sie sich davon, haben wir gemeinsame Themen? Man geht aufeinander zu, energiegeladen und voller Neugierde auf das Kommende. Alles ist aufregend und spannend, selbst die erste Blase am Fuß und der Umgang damit.

Dann kommt irgendwann zur Mitte der Zeit eine Art Lagerkoller, man schottet sich ab und will ganz seinen eigenen Weg gehen. Müdigkeitserscheinungen überlagern die Stimmung, und die eigene innere Leere schreit danach, mit etwas Tieferem gefüllt zu werden. Erst wenn dieser Brand gelöscht ist, ein Brand, den kein Mensch zu löschen vermag, ist der Pilger wieder offen für das Gegenüber, in dem er sich selbst erkennt.

Das Pilgerpärchen Martine und Thomas treffe ich genau in dieser Mitte, hinzu kommt, dass sie beide ihre Einheit zelebrieren wollen, ungestört.

Anfänglich fanden es Martine und Thomas vielleicht originell, mit einem Pilgerexoten unterwegs zu sein, ihn zu beobachten und darüber nachzudenken, wie es für sie wäre, den Weg rollend meistern zu müssen. Ich weiß nicht, ob ich so stark wäre, habe ich oft zu hören bekommen. Was aber, wenn der Exot Hilfe braucht?

Am letzten Faden

Ich brauche Hilfe: Mein Rucksack hängt am letzten Faden und benötigt dringend eine Reparatur. Nach einigem Suchen finden wir einen Schuster, der willens ist, sich meiner Spezialkonstruktion anzunehmen. Er verspricht, die Tasche bis zum nächsten Nachmittag mit Lederaufsätzen zu stärken und wieder gebrauchsfähig herzurichten.

Meine gesamte Habe muss zwischenzeitlich in zwei Plastiktüten Platz finden – in Frankfurt würde ich mich damit wie ein Penner fühlen. Martine trägt die Tüten für mich. Ich bitte sie darum, und ein bisschen widerwillig hilft sie mir. Ich fühle mich wie ein neues Spielzeug, das nach anfänglicher Begeisterung seinen Reiz verliert und schnell in der Ecke landet.

Ich selbst bin eifersüchtig auf Thomas, ärgere mich, im Gegensatz zu ihnen nachts allein in einer Bar sitzen zu müssen, für alle Anwesenden sofort als Fremder erkennbar. Ich schlage ihnen vor, den Abend gemeinsam in einer Kneipe ausklingen zu lassen, aber sie wollen schlafen gehen.

Durch die Reparatur habe ich am nächsten Tag Zeit für eine ausgedehnte Besichtigung von Zamora. Auf dem Platz vor der Kathedrale schreibe ich die ersten und einzigen Postkarten auf dieser Reise. Pilger sind keine Touristen. Der Tourist fordert, der Pilger dankt.

Dafür schreibe ich fleißig E-Mails und schicke sie an Freunde und an meine Familie rund um die Welt. Eine Stunde Pause im virtuellen Raum tut mir gut. Hier herrschen die aus dem Alltag gewohnten Gesetze, alles ist leicht erreichbar, keine anstrengenden Steigungen liegen hinter der nächsten Ecke. Nicht einmal Hunger und Durst muss man hier leiden, Sandwiches und Bier warten schon auf einen.

Manchmal, wenn ich die Stille gar nicht mehr aushalte, schalte ich während der Wanderung mein Handy an und telefoniere oder schicke eine SMS. Aus Orten, die niemand auf der Karte findet, geschweige denn von denen er gehört hat. Manchmal brauche ich den Kontakt zur Welt.

Am späten Nachmittag breche ich für mich selbst überraschend auf. In mir hat sich das Gefühl ausgebreitet, hier nur geduldet zu sein. Trotzig schüttle ich dieses Gefühl von mir ab.

Das Alleinsein hat mir gezeigt, dass ich gut mit mir selbst auskomme. Die Begegnungen sollen leicht und unkompliziert sein, oder sie sind nicht wichtig. Eine volle Tagesleistung liegt vor mir.

Kaum habe ich die Stadtgrenze hinter mir gelassen, stoppt mich die Polizei. Die ernsten Gesichter lassen mich Böses ahnen.

»Woher haben Sie die Polizeiweste?«, fährt mich einer forsch an. Acht Polizisten stehen unversehens um mich herum. Ich beschreibe ihnen, wie ich sie von einem ihrer Kollegen in Monesterio geschenkt bekommen habe, und dass ich sie seit 500 Kilometern trage. Oft haben mir Polizisten unterwegs sogar freundlich zugewinkt.

Ohne die Weste auszuziehen zeige ich ihnen die auf der Innenseite der Weste notierte Dienstnummer und das dazugehörige Foto auf dem Display meiner Digitalkamera. Der Polizist lässt aber nicht locker.

»Sie tragen ein offizielles Kleidungsstück eines Staatsorgans, wir müssen das einziehen.«

Sie scheinen mir die Geschichte nicht zu glauben. Ich will nicht klein beigeben und verlange, dass sie mir dann wenigsten etwas Entsprechendes als Ersatz geben sollten, damit ich gesehen werden könne und nicht überfahren werde. »Da drüben ist ein Zubehörgeschäft für Autos, die verkaufen reflektierende Westen. Sie haben doch Geld.«

Weitere Verstärkung trifft ein. Gerade berichtet der Polizist die Geschichte seinem Vorgesetzten, der mich kritisch aus einiger Entfernung mustert. Auch ihm muss ich die digitalen Bilder zeigen. Hoffentlich konfiszieren sie die Kamera nicht, bete ich im Stillen. Das nächste Spaßfoto zeigt Ludek mit der Polizeiweste, die Glaubwürdigkeit meiner Geschichte würde dadurch nicht sonderlich gesteigert werden, muss ich mir eingestehen.

Lange passiert gar nichts. Ich stehe im Schatten eines Polizeibusses und rätsele, ob ich nach Zamora umkehren soll. Es ist 18 Uhr, und noch 28 Kilometer liegen vor mir.

Plötzlich kommt Bewegung in die Angelegenheit. Ein Polizist hat eine Weste in dem gegenüberliegenden Geschäft gekauft. Er hält sie mir hin. Hier ist kein Platz für Heldenstorys und ich sehe keine Chance, länger auf meinem Standpunkt zu verharren, ohne die Polizei ernsthaft zu verärgern.

Der Polizist hat die Guardia Civil Traffico-Weste schon in der Hand, als ich ihn bitte, sie noch ein letztes Mal nehmen zu dürfen. Sie belächeln den seltsamen Pilger, der ich in ihren Augen bin, müde, ich aber kann nach über zwei Wochen von der Weste Abschied nehmen wie von einem lieb gewonnenen Freund.

Im Geiste sah ich mich damit schon cool durch Frankfurt auf meinem Handbike cruisen. Vielleicht hätte ich sie auch während der WM angezogen und ein paar spanische Fans verhaftet, vermutlich wollen sie, dass genau das nicht geschieht.

Einigermaßen frech bemerke ich zu ihrem Chef: »Ihr seid schuld, wenn ich es bis Sonnenuntergang nicht zu meinem Etappenziel schaffe. Könnt ihr mich nicht wenigstens ein Stück des Wegs mitnehmen?«

Die Polizei sei kein Taxi, murmelt er und wendet sich ab. Dann aber nehmen sie mich doch einige Kilometer durch eine eintönige Landschaft mit. Hinter mir steht ein Polizist, der den Rollstuhl festhält, ein zweiter sitzt am Steuer. Exakt an einem Punkt, den ich offenbar während der Zeit ohne Zwangspause erreicht hätte, setzen sie mich ab.

Wenn ich meine Strecke bis Einbruch der Dunkelheit noch schaffen möchte, muss ich mich sputen. Für heute, eigentlich für den ganzen Rest meines Wegs, bin ich auf keine weitere Begegnung mit der Guardia Civil erpicht.

Nichts fesselt mich an der Einöde, durch die ich fahre. Meine Gedanken passen sich der Umgebung an und pendeln sich über Banalem ein.

Auch die Langeweile, die Zeit, in der nichts passiert, gehört zum Pilgern. Man geht einfach weiter, und jeder Schritt bringt einen näher zum Ziel. In der Langeweile entsteht Raum, neue Ziele zu formulieren oder alte zu überdenken. Wie wäre es, nach Jerusalem zu pilgern, direkt von Frankfurt aus, ohne den Schutz einer ausgetretenen Spur, ausgekundschaftet von zahllosen Vorgängern, mit einer ausgebauten Infrastruktur und mehr oder weniger gepflegten Unterkünften? Wie groß muss auf einer solchen Reise das Gottvertrauen sein? Man käme durch Krisengebiete, in denen man als reicher Tourist und nicht wie ein Pilger wahrgenommen würde.

Die Burgruine Castrotorafe reißt mich weg von Golgatha. Typisch Felix, tadle ich mich. Ich habe mein Ziel noch nicht erreicht, da plane ich schon die nächste Tour!

Im 12. Jahrhundert war das gewaltige Wehrdorf Sitz des mächtigen Ordens der Jakobusritter, heute stehen nur noch einzelne Außenwände. Es würde bestimmt zwanzig Minuten dauern, einmal die gesamte Anlage zu umrunden. Verwitterte, mit Moos besetzte Mauerreste lassen den ehemaligen Glanz nur erahnen. Unweigerlich muss man daran denken, wie vergänglich alles ist, selbst ehemals Furcht einflößende Bauwerke sind 900 Jahre später auf vereinzelte Brocken reduziert. Der Jakobusorden, einstmals mächtig genug, dem Papst die Stirn zu bieten, ist meines Wissens heute eher ein Geheimbund mit einigen Ablegern.

Vom Wind verweht

Mit der untergehenden glutroten Sonne erreiche ich Riego del Camino. Eine überraschte Bürgermeisterin des 500-Seelen-Dorfes gibt mir mit leuchtenden Augen den Schlüssel zur Unterkunft.

»Jetzt, wo ich Sie sehe, weiß ich, dass alles möglich ist.«

Bei all dem Überschwang könnte sie mich eigentlich auch zu sich zum Abendessen einladen, denke ich übermütig. Aber sie gibt mir nur eine Handvoll Früchte und wünscht mir eine Gute Nacht. In dem Gästebuch der einsamen Herberge finde ich nur wenige Einträge, anscheinend wird das Haus nicht besonders häufig aufgesucht. Immerhin befinden sich in dem ehemaligen Jugendtreff sechs Betten, im Nachbarraum liegen noch einmal zehn Matratzen.

Nichts lenkt mich hier von der zähen Leere ab, ich muss mich ihr stellen. Aus Langeweile blättere ich in meinem Wörterbuch und lerne ein paar Vokabeln auswendig. Dann schreibe ich wie jeden Abend ein paar Zeilen in mein kleines schwarzes Tagebuch. Endlich überkommt mich die Müdigkeit. Auf der Straße höre ich gelegentliches Hundebellen, und hinter dem Haus blöken Schafe. Beim Einschlafen schaue ich auf ein signiertes Foto des Königspaares von Spanien.

Am nächsten Morgen fühle ich mich zerschlagen und schmutzig. In dem kleinen Bad war der Durchgang zur Dusche so schmal, dass nicht einmal die Hälfte des Rollstuhls hindurchgepasst hätte. Normalerweise hat zumindest irgendein Plastikstuhl, auf dem ich sitzen und mich duschen kann, Platz. Hier nicht. Ungewaschen und in stinkenden Kleidern fühle ich mich wie ein Penner, wer weiß, vielleicht könnte ich es in diesem Aufzug einmal in einer Fußgängerzone in Deutschland versuchen, ein paar zerschlissene Plastiktüten neben mir.

Der Weg entlang der Straße lärmt monoton, ich bin zu faul, die Ohrenstöpsel zu benutzen.

Bis hierhin habe ich gelegentlich und immer wieder an meinen ehemals besten Freund denken müssen, heute kann ich ihn endgültig loslassen. Dass das anstand, war schon vor Beginn der Reise klar und tat mir seitdem weh, während dem Wandern mit jedem Tag etwas weniger. Heute endlich entspricht Gott meiner Bitte, und ein kräftiger Windhauch nimmt den Rest Trauer über den Verlust mit, der mich noch lähmte.

Schmerzlich musste ich erkennen, dass sich unsere Prioritäten und die Lebensplanung gegenläufig entwickelt hatten. Seine Freundin, die er nach fünf Jahren heiratete, avancierte zu seinem besten Freund. Gemeinsam wollten sie ihre Selbständigkeit aufbauen, eine Familie gründen und im Grünen wohnen. Ich beförderte meine Freundin nie dazu, diesen Platz hatte stets er in meinem Herzen eingenommen. Darum titulierte meine Freundin ihn gern als meine »zweite Frau«. Immerhin nicht die erste!

Leider konnten wir uns über spirituelle Themen nie verständigen, auch von meinen Erfahrungen auf dem Jakobsweg wollte er nichts wissen, und natürlich wollte er mich nie begleiten.

Am Grab meines Vaters beerdigte ich dann nicht nur einen liebevollen und gütigen Mann, sondern gleichzeitig auch ihn, meinen besten Freund. Er war mir bereits das letzte Jahr während dieser schweren Phase ferngeblieben und stand am Tag der Beerdigung auch nicht neben mir. Den letzten Rest Schmerz darüber weht der Wind heute fort, und er macht mich frei.

Ich wende mich nach links auf den so genannten mozarabischen Weg, der mich von hier bis nach Santiago führen soll. Einige Kilometer weiter nördlich würde ich sonst in Astorga auf den Camino Francés treffen. Da war ich schon, außerdem würde ich nach der Stille der letzten Wochen wahrscheinlich einen kleinen Schock bekommen, denn hier sollen inzwischen viele Menschen unterwegs sein.

Die Vía de la Plata wird ab hier auch Mozarabischer Jakobsweg genannt. Die Mozaraber waren Christen, die in den vom Islam beherrschten südlichen Gebieten der Iberischen Halbinsel lebten und im 11. Jahrhundert Pilgerfahrten nach Compostela an das Grab des Apostels Santiago unternahmen. Ursprünglich führte der Mozarabische Jakobsweg von Granada über Córdoba nach Merida, wo er sich mit der Vía de la Plata für die nächsten Hunderte von Kilometern vereinigte. Ich schwenke nun auf den letzten Abschnitt dieses Wegs ein, hinter Granja de Moreruela. Ab jetzt befindet sich mein Schatten mittags nicht mehr vor mir, sondern läuft rechts neben mir her.

Es gibt nichts, was auf dieser Strecke die Leere füllen könnte. Und kein Gedanke, keine Erinnerung, woran mein Geist sich klammern könnte, um etwas Ablenkung zu haben. Ich schalte mein Handy ein, wünsche mir nichts sehnlicher als eine Nachricht, egal von wem. Es bleibt stumm. Irgendwann schalte ich es frustriert wieder aus.

Ein schweres 3-Gänge-Mittagsmenü, begleitet von einem Liter Rosé, gibt mir etwas Lebensfreude zurück. Schon der Teller Eintopf hätte mir als Hauptgericht zu dem Wein gereicht. Stumpf verdrücke ich trotzdem das große Schnitzel mit Pommesfrites und als Nachtisch sogar noch einen Pudding, um irgendetwas zu empfinden. So ähnlich müssen sich Bulimiepatienten fühlen, die sich vollstopfen, um sich zu spüren. Aber der Selbsthass ist mir fremd, ein zentraler Unterschied.

Unter den Menschen in der Bar fühle ich mich wohl. Hier spielt man Karten, die Leute stimmen sich lautstark auf ihr Wochenende ein. Für mich spielen die Unterschiede zwischen den Tagen mittlerweile keine Rolle mehr, jeder hat seine eigene Geschichte, unabhängig vom Kalender, es ist fast wie früher zu Studentenzeiten.

Da ich die Toilette nicht benutzen kann, um mir die Hände zu waschen, bringt mir der Kellner eine Schüssel mit Wasser, Seife und Handtücher. Es sind die kleinen Gesten, die mich immer wieder aus dem Sumpf ziehen.

Das Menü kostet sechs Euro, ich bezahle und verlasse das Restaurant.

Der Wein und die pralle Mittagshitze lassen mich unendlich müde werden. Wie gern würde ich mich unter einen Baum am Wegrand legen und schlafen. Aus Angst, dass jemand den leeren Rollstuhl mit mir daneben im Gras liegen sieht und das Ganze als Unfall missversteht und Alarm schlägt, schleppe ich mich jedoch Meter um Meter weiter.

Der Glockenturm von Tábara ist zwar schon in Sicht, aber bis dahin ist es noch eine Ewigkeit. Ganz dringend wünsche ich mich woanders hin. Nur wohin? Ich bin dankbar für die Disziplin, die ich von meinem Rudertrainer gelernt habe. So schaffe ich es, auch ein physisches und mentales Tief zu meistern. Diese Disziplin war es auch, die mir half, den Verlust meines Vaters, den doppelten Verlust, zu bewältigen.

Felix, der Glückliche?

Mein Vater bemühte sich, nach dem Tod meiner Mutter ein halbwegs intaktes Familienleben aufrechtzuerhalten. Mittags hetzte er aus seinem Büro nach Hause, wärmte etwas auf, das unsere Haushälterin oder seine Freundin vorgekocht hatte. Ich nörgelte so gut wie immer herum und meckerte über das Essen. Mitten in der Pubertät steckend fand ich alles blöd und beschloss, zu Hause gar nichts mehr zu erzählen von den Dingen, die mich bewegten. Mit meinen Brüdern überwarf ich mich vollkommen, sie wurden für mich zu regelrechten Feindbildern.

Ein Jahr später stellte uns mein Vater offiziell seine Freundin vor, Jutta. Sie war in seinem Alter, hatte selbst drei Kinder und es war offenkundig: Beide empfanden ihr gemeinsames Glück größer als sechs Richtige im Lotto. Mein Vater erklärte uns frei heraus, dass es ihm gleichgültig sei, ob wir seine Freundin sympathisch finden oder nicht. »Endlich lebe ich mein Leben. Ich liebe diese Frau von ganzem Herzen. Das sind jetzt meine goldenen Jahre.«

Leicht widerstrebend musste ich ihm recht geben: Er sah so gut aus wie selten zuvor. Plötzlich trug er modische Kleidung, ging permanent ins Theater, in ein Restaurant oder sie waren zusammen auf Reisen. Vielleicht war das auch ein Grund dafür, warum wir beide bald übereinkamen, dass ich als Austauschschüler ein Jahr in die USA gehen sollte.

Leider geriet ich dabei vom Regen in die Traufe. Ich landete bei einem fundamentalistischen Pfarrer in einem 1320 Einwohner zählenden Dorf in Nebraska, eine Autostunde von der nächst größeren Stadt entfernt. Der reinste Horror. Die ersten drei Monate hatte ich einen Aktionsradius von einem Kilometer. Die Highschool befand sich direkt gegenüber der Kirche, wir wohnten in dem Pfarrhaus gleich nebenan.

Mit dem Mut der Verzweiflung beschloss ich, durchzuhalten und das Beste daraus zu machen. Neben dem Highschool-Abschluss würde ich hier sogar noch einen amerikanischen Führerschein machen können, mit dem ich in Deutschland auch schon als 17-Jähriger Auto fahren durfte.

Ein Versuch, die Gastfamilie zu wechseln, scheiterte, und so stürzte ich mich in sämtliche Aktivitäten, die die Highschool zu bieten hatte: Chor, Football, Track & Field, Wrestling usw., und natürlich alle Arten von Kirchenveranstaltungen, die der Pfarrer organisierte. Dazu gehörten glücklicherweise auch Wochenendreisen, sodass ich das Land und seine Menschen wenigstens ein bisschen kennenlernen konnte.

Über Weihnachten fuhr ich mit dem Greyhoundbus für ein paar Tage nach Florida, um einfach in der Sonne zu liegen und mir vielleicht mal etwas anderes zu essen zu kaufen als Toastbrot und Scheiblettenkäse mit einer Coke.

Ich war mir nicht sicher, auf welcher Seite des großen Teiches es besser war. *Between a rock and a hard place.*

Ich war noch keine vierundzwanzig Stunden wieder in Deutschland zurück, da hielt ich den ersten Joint meines Lebens in der Hand. In meinem abgelegenen Bauernstaat hatte ich die Entwicklung meiner Kumpels gar nicht mitbekommen und hielt die Tüte für eine selbst gedrehte Zigarette. Auch die Haarlänge der anderen übertraf meine um geschätzte zwölf Monate Nichtschneiden. In Nebraska wäre ein solcher Hippieauftritt gar nicht gut angekommen. Mein Freund Frank war nun nicht mehr John Rambo, sondern Slash, der Gitarrist von Guns 'n' Roses. Stilecht rannte er mit gefärbten schwarzen Haaren und Zylinder herum. Ich führte mich als Rocker auf, war aber vor allem auf der Suche nach Halt. Die gab mir die Rockmusik, inklusive cooles Gehabe, abgefahrene Klamotten und viel Alkohol.

Wibke kam das erste Mal nach einer Party bei einem Klassenkameraden mit zu mir. Ich hatte zwei Zimmer für mich in unserem Haus, ein helles unterm Dach, das so genannte Turmzimmer, und eins im Keller. Zusammen hörten wir John Lennon und tanzten eng umschlungen bei Kerzenlicht im Kellerraum. Dazu tranken wir Wein, den ich im Anschluss an eine Wanderung durch die Pyrenäen in Spanien gekauft hatte. Er schmeckte sehr gut, unser erster Kuss war aber unvergleichlich besser. Erst früh morgens ging Wibke nach Hause.

Wir verbrachten die nächsten Wochen mehr oder weniger pausenlos miteinander. Wir hörten Musik, gingen viel spazieren, küssten uns, aber niemals mehr. Dass wir vielleicht noch mehr voneinander wollten, trauten wir uns nicht einzugestehen. Ich war wahrscheinlich zu sehr Raufbold, der lieber einen Freund verliert als einen Spruch verschenkt, und sie mir zu sehr das Mauerblümchen, das zwar schön, aber doch ziemlich still vor sich hinblüht.

Das letzte Mal sahen wir uns vor meinem Unfall an der Essener U-Bahn-Haltestelle Rüttenscheider Stern. Sie war mit ihrer Freundin auf dem Weg in die eine Richtung und ich mit Frank in die andere. Wahrscheinlich wollte ich ihm beweisen, was für ein flotter Kerl ich war, und gab nur einen Spruch nach dem anderen von mir. Wie ich erst viel später erfuhr, hatte sie sich vorgenommen gehabt, mir bei der Abiturfeier etwas zu sagen, das sie mir schon länger sagen wollte. Den Abend der Feier verbrachte ich dann allerdings auf der Intensivstation des Krankenhauses Berlin-Steglitz, und sie aus Kummer deswegen zu Hause.

Bei einem überraschenden Besuch in Bad Wildungen sagte sie etwas sehr Schönes. »Mit dir verbindet mich etwas, das ich ein Leben lang behalten möchte.« Das wollte ich auch.

Noch einmal dreizehn Jahre später offenbarte sie mir, dass sie mir damals eigentlich etwas anderes hatte sagen wollen. *The road not taken.*

Einige Monate nach meinem Motorradunfall wurde bei meinem Vater ein malignes Melanom diagnostiziert. Später erfuhr ich, dass die Ärzte einen kausalen Zusammenhang zwischen dem Schock über meinen Unfall und dem plötzlichen Hervorbrechen des Krebses sahen.

Er selbst verschwieg mir jedoch alles, um meine Rehabilitation nicht zu gefährden, und unterzog sich einer aufwändigen Operation. Sie war erfolgreich.

Er verfolgte meine Fortschritte und anschließend mein Studium aus der Ferne, ohne allzu viel zu fragen. Sicher hatte er Angst, von mir eine patzige Antwort zu bekommen. Und ich war so mit mir und meinen Schmerzen beschäftigt, dass ich seine Not gar nicht wahrnahm.

Zehn Jahre später wurde bei ihm erneut Krebs diagnostiziert. Kurz bevor ich mich das zweite Mal auf den Jakobsweg machte, diesmal auf die Grand Route 65 durch Frankreich, erzählte er mir fassungslos, dass er sich erneut einer Operation unterziehen musste. Das war im Mai 2004.

Es ist einmal gut gegangen, dann wird es auch ein zweites Mal gut gehen, dachte ich und fuhr nach Le Puy en Valey, an den Ausgangspunkt meiner über 500 Kilometer langen Tour quer durch Frankreich.

Es ging kein zweites Mal gut. Die Heilungschancen lagen diesmal nur bei etwa fünf Prozent. Keiner von uns wollte das wirklich wahrhaben.

Von Moissac aus rief ich ihn an, um ihm freudig zu erzählen, dass ich mein Ziel früher als geplant erreicht hätte. Während des Gesprächs war er ganz bei mir, er zeigte sich interessiert und fragte nach. Für ihn wäre Wandern oder gar Pilgern freilich nie in Frage gekommen, er litt still für sich, zu Hause, nicht in der Natur.

Nach meiner Rückkehr sahen wir uns mindestens einmal die Woche und ich hoffte inständig, dass er die Krankheit auch als Öffnung, vielleicht sogar als Öffnung für Gott, verstehen würde. Aber er wehrte sich weiterhin, die Dinge zu hinterfragen. In den folgenden Wochen konnte ich von meinem Vater Abschied nehmen, mit ihm vollständigen Frieden schließen und ihm von Herzen danken.

Einmal konnte er sogar noch gemeinsam mit Jutta und mir auswärts Mittag essen gehen. Obwohl er sehr mit Übelkeit zu kämpfen hatte, schien er das Ganze doch auch zu genießen. Auf der Rückfahrt lächelte er etwas müde, und erst in der Ruhe meiner Wanderung konnte ich diesen gütigen Gesichtausdruck dechiffrieren, als ob er sagen wollte: »Ein Leben lang hast du dich als Jüngster an mir gerieben und endlich erkannt, dass ich dir auf die Art, wie ich es konnte, alles gegeben habe.«

Eines Tages übernachtete ich bei Jutta in ihrer gemeinsamen Wohnung. Auch sie hatte die Ungleichbehandlung seiner drei Söhne nie verstehen können. Einmal konfrontierte sie meinen Vater erneut mit dieser Frage, woraufhin er ihr – ein einziges Mal – erschöpft zur Antwort gab: »Es sind nicht alles meine Kinder.«

Mehr sagte er dazu nie. Ich bekam eine Gänsehaut, als Jutta mir das erzählte, ein kalter Schauer lief mir über den Rücken und ich erinnerte mich an die Worte der Schwester meiner Mutter, die mir mehrmals gesagt hatte, ich solle endlich ein klärendes Gespräch mit meinem Vater führen. Doch immer, wenn ich es versucht hatte, hatte er den Unwissenden gespielt. Es gäbe nichts zu sagen, Affären habe es keine gegeben, weder von ihm noch von meiner Mutter.

Als ich die Tante jetzt mit der Andeutung meiner Stiefmutter konfrontierte, begann sie endlich zu reden.

»Deine Oma ist nicht zu deiner Geburt gekommen, da sie erfahren hatte, dass deine Mutter deinen Vater betrogen hat. Du weißt, wie sehr Oma deinen Vater geliebt hat! Mir gegenüber hat sie sich ein einziges Mal versprochen, aber ich durfte nichts sagen.«

Was wusste mein Vater?

Am nächsten Morgen, es war ein Sonntag, stürmte ich in die Klinik, um endlich die Wahrheit zu erfahren. Konnte es wirklich sein, dass er nichts wusste?

Wieder bestritt er alles. »Und selbst wenn es so wäre und du erfahren würdest, dass dein leiblicher Vater ein wohlhabender Mann ist, würde das etwas ändern? Meinst du, er wäre dir ein besserer Vater gewesen?« Für ihn war damit das Gespräch beendet.

Ich konnte es jedoch nicht dabei belassen. Bei einem staatlich geprüften Labor in Berlin bestellte ich ein Set für einen Vaterschaftstest, mit ihm in der Tasche fuhr ich wenige Tage später noch einmal zu meinem Vater. Ich erklärte ihm, dass ich den Test jetzt machen würde, ich müsse einfach wissen, woran ich sei.

»Wollen wir uns die 300 Euro nicht sparen, und lieber erzählst du mir die ganze Geschichte?«

Er schüttelte nur den Kopf. Ich hatte den Eindruck, für ihn war das Ganze ein Spiel mit der Zeit, denn es würde sieben Tage dauern, bis das Ergebnis frühestens feststehen würde.

Ich nahm also die vorbereiteten Wattestäbchen und rieb sie jeweils an der Wangeninnenseite meines Vaters und an meiner. Dann verschloss und versiegelte ich die Röhrchen vorschriftsmäßig.

Selten habe ich meinen Vater mich so kummervoll anblicken sehen wie in diesem Moment. Als ob er sagte: Junge, lass doch gut sein. Mach dir dein Leben nicht immer so schwer!

Nach sieben Tagen rief ich in dem Berliner Labor an, und man erklärte mir, dass sie immer dann sicherheitshalber einen Kontrolltest durchführen würden, wenn ein Ergebnis negativ sei – was im Klartext heißen sollte: wenn es sich bei einer Probe nicht um die Probe des leiblichen Vaters handeln würde. Das sei in meinem Fall der Grund für die Verzögerung.

Jutta wusste von meinem Vorhaben, nach dem Ergebnis hat sie mich nie gefragt. Einen Tag, nachdem mein Vater gestorben war, kam der Brief bei mir an. Das Ergebnis war negativ.

In kritischen Situationen hatte er oft im Spaß zu mir gesagt: *Saved by the bell!* So hatte er es auch dieses Mal gewollt.

Der Mann meiner Tante, ein erfahrener Rechtsanwalt, riet mir, die Sache geheim zu halten. Ich könnte ja nicht einmal sicher sein, ob ich überhaupt Erbe sei. »Verbrenne das Ergebnis«, legte mir meine Tante nahe, ein Rat, den ich nicht befolgte.

Als ob mir der Boden unter den Füssen entzogen war, fühlte ich nichts, ich war unfähig zu arbeiten oder zu verarbeiten, was geschehen war, und wusste auch nicht, wen ich um Hilfe bitten konnte. Völlige Leere umgab mich. Ich betete nonstop.

Im Internet suchte ich nach Selbsthilfegruppen, fragte bei dem Labor nach, ob sie mit Psychologen zusammenarbeiten würden. Diese waren auf Hilfe für Väter spezialisiert, nicht aber auf Hilfestellungen für Kinder. Niemandem vertraute ich mich an, erst Wochen später konnte ich mich gegenüber engsten Freunden und Familienangehörigen öffnen. Darüber zu sprechen half ein bisschen, immerhin.

Plötzlich glaubte ich zu verstehen, warum ich nie den uneingeschränkten Rückhalt meines Vaters gespürt hatte, sondern immer sein Bemühen, ein guter Vater sein zu wollen. Ohne Zweifel war er das, nur fehlte in meiner Wahrnehmung immer das letzte Quäntchen.

Meine Tante und ich schienen uns in dieser schweren Zeit gegenseitig zu stützen. Ich besuchte sie in München, wir gingen gemeinsam ins Theater und anschließend essen. Wie verblüffend ähnlich sie meiner Mutter sah. Plötzlich war sie die einzige noch verbliebene leibliche Verwandte, nachdem die weit verzweigte Familie meines Vaters so unvermittelt ausgefallen war.

Unser Glück währte nur wenige Monate. Als sie hörte, dass ich einen Anwalt eingeschaltet hatte, um meine Interessen zu vertreten, fiel sie mir in den Rücken. Ihrem Rat, mich still zu verhalten, konnte und wollte ich nicht folgen.

4 AUS EIGENER KRAFT ANS ZIEL

Nicht schon wieder eine Herberge für mich allein! Das große einstöckige Haus ist verschlossen, was nichts anderes heißt, als dass ich der Erste und bislang Einzige bin, der hier übernachten möchte. Also warte ich eine Stunde lang inbrünstig darauf, dass sich doch noch ein weiterer Pilger hierher verirrt.

Ich lehne an der Wand, warte und hoffe. Bete. Niemand kommt, also ziehe ich los, um den Schlüssel beim örtlichen Amtsdiener selbst zu holen. Seine Frau öffnet und empfängt mich mit einem wahren Redeschwall, nachdem sie mich als Deutschen identifiziert hat.

Ihr Bruder lebe seit 30 Jahren in Münster und sei mit einer Deutschen verheiratet, berichtet sie mir begeistert, und dass ja schon viele Pilger gekommen seien, im Rollstuhl aber noch keiner. Sie ruft die Neuigkeit erst mal ihren Nachbarn zu, die mich mit einer Mischung aus Respekt und Unverständnis ansehen.

»Vor dem Haus ist eine hohe Stufe. Meinen Sie, da könnte man etwas machen?«, wittere ich meine Chance.

Siehe da, sie kann. Kurzerhand besorgt sie eine ausrangierte Tür, die ihr Sohn auf einer Schubkarre transportiert.

»Morgen früh werfen Sie den Schlüssel einfach in den Briefkasten neben der Herberge«, erklärt sie mir zum Abschied, wobei sie »Briefkasten« augenzwinkernd auf Deutsch sagt.

Vom Zimmer aus blicke ich zum Fenster hinaus und schaue zu, wie der Glockenturm langsam im Abendrot versinkt. In dem Raum befinden sich noch 30 leere Etagenbetten – gemütlich ist anders.

Die mobile Rampe

Es ist Freitagabend. Soll ich in die Bar im Ort? Im Pilgergewand und mit Rollstuhl und schlechtem Spanisch? Ich werde larmoyant. Das habe ich mir doch ganz anders vorgestellt! Auf den früheren Wanderungen habe ich immer gleichaltrige Reisende getroffen, mit denen ein Austausch möglich war. Fühlt sich so etwa das Alter an, wenn die meisten Freunde verstorben sind und die Familienmitglieder nur noch seltene Pflichtbesuche abstatten? Tief in meinem Inneren weiß ich, dass aber auch diese Zeit des Alleinseins ihrem Ende naht, und ich freue mich auf die Begegnung.

Doch ich empfinde diese Einsamkeit auch als fruchtbar, hier bin ich unverstellt ich selbst und muss keine irgendwie geartete Rolle einnehmen. Ich kann die Einheit mit mir selbst empfinden. Hier bin ich nicht hin und her gerissen zwischen verschiedensten Angeboten eines komfortablen Lebens einer Großstadt, in der die eine Unterhaltungsmöglichkeit die andere vielleicht marginal übertrifft und mir Zerstreuung bietet. Wovon eigentlich? Ich spüre hier eine Klammer, die alles miteinander verbindet.

Mit wie vielen Menschen bin ich in diesem Augenblick wirklich gedanklich verbunden. »Ich habe gerade an dich gedacht«, höre ich es in meiner Erinnerung nachklingen, nachdem ich meine Cousine Anja angerufen habe. Das funktioniert in beide Richtungen. Wer kennt nicht dieses Gefühl, zu wissen, wer am anderen Ende der Leitung ist, wenn das Telefon klingelt?

Diese Einsichten haben eine beruhigende Wirkung und ich bin dankbar, dass es mir gut geht. Ich darf ganz im Rhythmus der Natur leben, gehe früh ins Bett, schlafe bei einsetzender Dunkelheit ein und beginne den Tag dafür auch schon im Morgengrauen. Dazwischen liegen zehn Stunden Nachtruhe, die durch nichts gestört werden, außer meine schmerzende rechte Hand meldet sich, was sie leider immer öfter tut.

Am Plaza de España von Tábara wird der Samstagsmarkt aufgebaut. Zu dieser frühen Stunde befinden sich außer den Standbesitzern keine Menschen auf den Beinen. Wie gern würde ich ein paar der verlockenden Früchte einkaufen, verbiete es mir jedoch. Ich möchte kein zusätzliches Gewicht mit herumschleppen müssen. Schließlich schiebe ich mit jeder Radumdrehung ein Gesamtgewicht von nach wie vor konstanten 105 Kilogramm ein Stück in Richtung Santiago.

Es folgt eine gemütliche Wanderung über 22 Kilometer zu einer Privatherberge in Santa Croya de Tera. Zum nächsten Ort wären es noch einmal elf Kilometer, mein Wanderführer kündigt für dort allerdings eine Unterkunft im ersten Stock an, direkt neben einem Altenheim. Dass mir dort jemand die Treppen hinaufhelfen kann, halte ich für eher unwahrscheinlich.

Ich bleibe also. Die Bezeichnung »Privatunterkunft« weist zudem auf die Anwesenheit von Herbergseltern hin, die in diesem Fall sogar Deutsch sprechen sollen. Es stellt sich heraus, dass die Familie in den sechziger Jahren als Gastarbeiterfamilie in Deutschland gelebt hat. Eine typische Biographie für die Menschen hier.

Domingo, der Hauherr, überholt sich selbst, um mir den Aufenthalt angenehm zu gestalten. Betten werden verrückt, Badezimmertüren ausgehängt. Doch es hilft nichts, der Durchgang zur Toilette ist genau einen Zentimeter zu schmal. Domingo bietet an, mich auf die Toilette zu tragen, aber das geht mir dann doch zu weit.

800 Meter von hier gibt es eine weitere Unterkunft, dort werde ich mein Glück von neuem versuchen müssen. Wie schade! Ich frage, ob ich hier wenigstens zu Abend essen kann. Und obwohl sie eigentlich nur Pilgern, die auch bei ihnen übernachten, Essen geben dürfen, laden sie mich ein.

Roberto und Maria

Der Wirt, der den Schlüssel für die andere Herberge verwaltet, begleitet mich zu meinem Nachtlager, einer ausgesprochen komfortablen Unterkunft. Unvermittelt fragt er mich auf Deutsch: »Kennst du Hamburg?«

Ich muss lachen, in diesem Nest auf Deutsch angesprochen zu werden.

Und schon erzählt er mir seine Geschichte: »Ich habe von 1961 bis 1964 in Hamburg gearbeitet. Aus dieser Zeit beziehe ich immer noch eine Rente von 173 Euro pro Monat, vom spanischen Staat bekomme ich lediglich 500 Euro. Aber ich habe ja auch immer noch diese Bar hier.«

Ich nehme mir vor, ihm mit meinen Bestellungen tatkräftig unter die Arme zu greifen, bis zum Abendessen bleibt noch für einige Runden Zeit.

In der Kirche Santa Maria, gegenüber von meinem Domizil, befindet sich die älteste Darstellung eines pilgernden Jakobus aus dem 11. Jahrhundert. Sie ist etwas versteckt am Südportal angebracht, man findet sie nur, wenn man über den Friedhof um die Kirche herumgeht.

Als ich sie erreiche, steht direkt vor ihr ein Mann auf einer Leiter.

Es dauert eine Weile, bis ich verstehe, dass es sich um den Pfarrer und eine Helferin handelt, die die Höhe der Statue ausmessen. Von meinem Blickwinkel aus wirkt sie viel zierlicher als 110 Zentimeter hoch.

Danach sitze ich bei einem köstlichen Abendessen in der Privatherberge. Ich bin der einzige Gast und werde direkt von der Herbergsmutter bekocht, mit Gemüse und Salat aus dem eigenen Garten.

Plötzlich poltern bei stockfinsterer Nacht zwei verschwitzte Spanier herein. Keiner von uns hat heute noch mit Pilgern gerechnet. »50 kilometres«, mehr sagt der kräftige Mann nicht und leert eine Bierdose in einem Zug. Er und seine Begleiterin treten wie ein Paar auf, beide sind um die 40 Jahre alt und heißen Roberto und Maria, wie ich bald erfahre.

Roberto ist von meiner Idee, diesen Weg allein im Rollstuhl zu pilgern, so begeistert, dass er unvermittelt verschwindet. Ich habe aufgehört, mich über eigentümliche Reaktionen auf meine Fortbewegungsart zu wundern, und widme mich dem Rest meines köstlichen Nachtisches. Frische Weintrauben, so zuckersüß, dass ich nicht genug bekommen kann.

Als Roberto wiederkommt, schenkt er mir ein T-Shirt von seiner eigenen Bar »La Galeria« am Punto Final in Finisterre. Bisher dachte ich bei Punto Final immer an Alkoholeskapaden, ab heute hat der Begriff endlich eine bessere, tiefere Bedeutung. Jetzt habe ich wirklich einen Grund, nicht nur bis Santiago, sondern bis ans Kap Finisterre – ans Ende der Welt – zu gehen.

In zehn Tagen werde ich in Santiago ankommen, so sieht mein aktueller Plan aus. Gedanklich fühle ich mich allerdings sehr ausgezehrt von der langen, einsamen Wanderung, genau genommen wähne ich mich weiter weg vom Ziel als noch zu Beginn der Reise. Wie sehr liebe ich die Stille und Einsamkeit des Wegs, aber wie sehr scheue ich vor der Leere der Herbergen zurück!

Ab heute, nehme ich mir vor, soll es mit der Einsamkeit ein Ende haben, ich will an Roberto und Maria dranbleiben, auch wenn das ein strammes Pensum von 40 Kilometern für den nächsten Tag bedeutet.

Roberto und Maria

Was für ein Tag! Bereits vor Sonnenaufgang überholen mich Roberto und Maria. Die nächsten vierzehn Stunden werde ich allein wandern, vorsichtig hatte ich eigentlich nur zehn geplant. Bis zum Mittag habe ich nur weniger als das erste Drittel des Wegs geschafft, und bin fassungslos. Es waren einige Off-Road-Strecken dabei, bei denen ich über umgefallene Baumstämme springen musste, aber hat mich das um so vieles langsamer gemacht?

Direkt hinter einer verfallenen Kirche verläuft ein schmaler Pfad an einer Böschung hinunter. Unbemerkt hat ein Reifen Luft verloren und rutscht jetzt auf dem steilen Hang einfach weg, als ob der Untergrund glatt wäre. Der Rollstuhl dreht sich um 90 Grad, fällt zur Seite und wirft mich wie ein Pferd seinen Reiter einfach ab. Auf dem Hang kann ich nicht einsteigen, der Winkel ist ungünstig, und der Stuhl droht erneut umzukippen. Auf dem Hosenboden robbe ich in die Senke und ziehe den Wagen mit einer Hand hinter mir her. Unten angekommen steige ich völlig verdreckt in bewährter Technik ein.

Ursprünglich hätte ich mich auf dieser Passage ein wenig beeilen wollen, aber Gott sei Dank maßregelt mich die Panne und mahnt mich zur »Entdeckung der Langsamkeit«, wie ich mich selbst stichle.

Vor mir liegt ein mannshoher Lehmwall. Soll ich ihn jetzt hochrobben, nachdem ich gerade noch auf der anderen Seite heruntergerutscht bin? »Wenn's regnet, schüttet es«, sagt ein altes Sprichwort.

Vielleicht sollte ich solche negativen Gedanken einfach bleiben lassen, versuche ich mich zu beruhigen. Ein 70-jähriger Herr radelt vergnügt vorbei und schaut doch leicht verwundert, mich allein in dieser Senke zu sehen. Dann bremst er, um mir zu helfen.

Als er mich den steilen Wall hinaufschiebt, beginnt er so stark zu keuchen, dass ich es mit der Angst zu tun bekomme. Sein Herz wird ihn doch nicht im Stich lassen? Dank seiner Hilfe endlich oben angekommen, flicke ich in der größten Mittagshitze zum x-ten Mal den Reifen, heftig umschwärmt von lästigen Fliegen. Ich wollte schnell sein – aber auf dem Jakobsweg ist nichts mit Gewalt erzwingbar, wieder habe ich es erfahren müssen.

Wind in den Haaren

Ich habe Angst. Seit einer Stunde befinde ich mich in einem struppigen Wald, habe mehrere Weggabelungen passiert und die gesamte Zeit keine einzige Markierung gesehen. Mein Wanderführer ist wertlos. Da hilft nur, blind meiner Intuition zu vertrauen. Jede Route, die ich nicht nehme, jede neue Abzweigung steigert meine Nervosität. Ich könnte nicht einmal sagen, ob ich überhaupt in die richtige Richtung gehe. So weit das Auge reicht, bin ich von undurchsichtigem Wald und Buschwerk umgeben.

Eine Straße. In dem Moment, in dem ich auf sie einbiege, fährt ein leeres Taxi vorbei. War das eine Halluzination? Das erste Auto seit Stunden.

Während der nächsten Stunden unterbricht nur fernes Hundegebell die Stille. Endlich kommt wieder eine Wegmarkierung. Die Straße führt aus dem Wald heraus und an einem romantischen Stausee entlang. Erleichtert weiß ich wieder, wo ich bin.

Kein Mensch weit und breit. Ich halte nicht an, sondern genieße einfach im Dauerlauf. *Life on the fast lane.*

Wie schön wäre es, gemeinsam mit einem Freund oder einer Freundin hier zu sein. Wir könnten im Stausee schwimmen und campen, es gibt niemanden, der uns stören würde.

Es ist zu verlockend, für eine Abkühlung ins Wasser zu hüpfen. Aber kommt auch wirklich niemand und klaut meine Sachen? Ohne Rollstuhl und Klamotten wäre ich im wahrsten Sinne des Wortes nackt, ich würde nicht einmal bis in den nächsten Ort kommen.

Die Reifen hinterlassen eine zarte Spur im nassen staubbedeckten Boden. Der Zickzack-Kurs gleicht einer Skizze, die Eckpunkte sind die zahlreichen Steinbrocken, denen ich permanent ausweiche. Zum ersten Mal seit drei Wochen beginnt es zu regnen. Die Strecke verwandelt sich bergab in kurzer Zeit in eine glitschige Rutschbahn, mein Adrenalinspiegel jagt in die Höhe. So wird meine Reaktionszeit wenigstens noch einmal gewaltig verkürzt.

Zwei Jungen auf Fahrrädern kommen direkt auf mich zu. Einer von ihnen trägt ein Marylin Manson-T-Shirt und fragt mich, wohin ich will. Als ich ihm den Ortsnamen nenne, warnt er mich. Das seien immerhin noch zehn Kilometer, und das bei Regen.

Ich zeige auf sein T-Shirt und antworte, dass ich weitergehen muss: It's a Rock 'n' Roll attitude … Beide nicken ernst.

Rocker, Motorradfahrer, Pilger, Rollstuhlfahrer bilden immer eine Art homogene Gruppe, innerhalb derer Kommunikation mit wenigen Worten ohne Missverständnisse möglich zu sein scheint. Vermutlich haben die Jungs nicht wirklich verstanden, was ich meinte, aber wir fühlen uns gut, das ist die Hauptsache.

Rock stellt für mich viel mehr dar als nur Musik. Als ich noch Motorrad fuhr, war diese Musik für mich gleichzusetzen mit Wind in den Haaren und mit Auflehnung gegen festgefahrene Muster jedweder Art. Vielleicht etwas post-pubertär stellte sie eine Befreiung dar, aber letztendlich habe ich von ihr den Impuls erhalten, mich intensiv zu fühlen und diesen Gefühlen auch Raum zur Entfaltung zu geben.

Der erste internationale Rockstar, den ich live erlebt habe, war Alice Cooper. Das war auf seiner »World Trash Tour« 1990. Noch heute sehe ich ihn vor mir, wie er uns in der Tiefgarage der Konzerthalle aus seinem Tourbus zuwinkt.

Jahre später meinte eine Kommilitonin etwas abfällig zu mir, wenn ich mein Musikwissen gegen das Wissen über Betriebswirtschaftslehre eintauschen würde, würde ich um einiges besser dastehen im Studium. Ich dachte dabei an die Worte von Nikki Sixx von Motley Crüe, der sagt: »Ich habe Musik gehört, gemacht, gefühlt und sie mir in die Venen gespritzt.«

Ich war nicht bereit, dieses Lebensgefühl aufzugeben. Wofür auch?

In der Dunkelheit nehme ich die letzten Kilometer in Angriff und esse, während ich am Straßenrand vorwärts rolle, Schinken und Brot, die ich auf dem Schoß liegen habe.

An einer Tankstelle sehe ich schemenhaft einen Kompressor unter dem Schild »Aire« stehen. Das ist meine Chance, endlich wieder 6.5 Bar Luftdruck in die Reifen zu pressen. Ein Blick auf den Druckmesser verrät mir, warum sich die Reparaturen in den letzten Tagen häuften. 4 Bar sollten laut Herstellerangabe mindestens in die Reifen hinein, mit meiner Handpumpe hatte ich diesen Wert aber bei weitem nicht erreicht. Mit harten Reifen fährt der Rollstuhl plötzlich wie von selbst die Straße hinab!

In finsterer Nacht erreiche ich Mombuey. Beim Eintreten in eine Bar bemerke ich, dass die Guardia Civil mir unauffällig gefolgt ist. Der Polizist wendet sich erst ab, als ich freudestrahlend Roberto und Maria begrüße. Beide haben längst nicht mehr damit gerechnet, mich wiederzusehen.

»Es un angel«, er ist ein Engel, erklärt Roberto einem englischen

Fahrradpilger in der übervollen Kneipe, in der wir aufeinander treffen.

Ist es wirklich ein Wunder, dass ich es bis hierhin geschafft habe? Was stimmt ist, dass ich meiner inneren Stimme heute tatsächlich noch resoluter als sonst gefolgt bin. Schon vor dem Aufstehen war mir klar: Ich werde heute bis in diesen nächsten Ort gehen, auch wenn das heißt, dass ich bis an meine Grenze gehen muss. Über viele Tage habe ich mich stark fordern müssen, um überhaupt zur nächsten Herberge zu gelangen, heute wusste ich intuitiv, dass die Mühe belohnt würde.

Immer wenn ich meiner Intuition folge, habe ich das Gefühl, einen Auftrag zu erfüllen, der sich perfekt in das große Ganze einfügt. Und zum einen ist dann das Resultat besonders großartig, zum anderen scheint sogar die Anstrengung geringer zu sein. »Dein Joch ist sanft und deine Last leicht.« Mit dem Gefühl, das Richtige zu tun, ist jeder stark, und mit einem klaren Ziel vor Augen fast unbesiegbar.

Roberto und Maria unterhalten sich blendend mit dem Engländer, obwohl keiner die Sprache des anderen richtig beherrscht. Mike, ein breitschultriger Mann mit typisch britischem Aussehen, fährt den Camino mit seinem Tourenrad inklusive eines kleinen Gepäckanhängers. An seinem Fahrradlenker hat er eine rote Plastikrose befestigt.

»Für mein Herzchakra«, erklärt er kurz. Weder als Soldat noch als Fliesenleger wurde er bisher so richtig glücklich, jetzt erhofft er sich von der freien Zeit Klarheit über seine wahre Aufgabe im Leben.

Er zeigt mir eine Tai-Chi-Übung für meine schmerzenden Hände und Handgelenke. Ich soll mir vorstellen, wie ich durch meine Finger Luft in meine Hände und Arme hineinsauge und sie dann durch Klopfen auf die Haut in die Sehnen und Gelenke »drücke«. Nach einer Weile meine ich tatsächlich zu spüren, dass die Schmerzen geringer werden.

Nach einem ausgiebigen Menü machen wir vier uns gemeinsam auf den Weg in die Herberge, die nur einen Steinwurf von der Bar entfernt liegt.

Perfekter hätte die Unterkunft nicht ausgestattet sein können, alles ist stufenlos erreichbar. Das Bad ist so geräumig, dass wir alle gleichzeitig darin Platz haben würden. Als ich aus dem Bad komme, ist das Licht schon aus und die anderen schlafen schon fast.

Es gibt genau vier Betten in dem Raum, meines steht direkt unter dem offenen Fenster. Wenn ich über mich schaue, kann ich die Sterne sehen. Kühle Nachtluft fällt auf mein Gesicht.

Missverstandene Romantik

Der Boden ist vom Regen der Nacht aufgeweicht und es fällt mir sehr schwer, den heimeligen Ort zu verlassen. Mombuey ist ein Ort der Templer. Diese Plätze haben immer eine besondere Energie und genießen einen großen geistigen Schutz. Mag sein, dass das nur Einbildung ist, aber auch auf dem Camino Francés habe ich die wohltuende Atmosphäre, die diese Orte ausstrahlen, mehrfach gespürt. Der Schlaf ist dort immer besonders tief und erholsam.

Vielleicht fällt mir der Abschied auch so schwer, weil ich weiß, dass der Wanderpfad für mich heute unpassierbar ist, Tai-Chi hin oder her. In dem kleinen Laden neben unserer Herberge kaufe ich schwarzen Schinken und Käse. Am liebsten würde ich hier bleiben, aber dann wären Roberto und Maria uneinholbar.

Nach 23 Tagen Sonne muss ich mein Regencape wieder auspacken. Die Landschaft und das Wetter erinnern mich an meine Trainingsstrecken im Taunus. Es ist grün, neblig, nass und menschenleer.

Während Roberto und Maria auf dem richtigen Weg unterwegs sind, fahre ich auf der Straße. Polizisten kommen vorbei und ermahnen mich, auf dem Seitenstreifen und nicht mitten auf der Fahrbahn zu fahren. Auch wenn es hier nur selten Autos gebe, sei es dennoch gefährlich. Oder wollte ich vielleicht mitgenommen werden? Es seien nur noch zehn Kilometer bis Puebla de Sanabria, ich würde es also bald geschafft haben.

Ich weiß es besser, es sind noch 25 Kilometer. Wenn ich jetzt bei der Polizei einsteige, werde ich mich vermutlich bis nach Santiago kutschieren lassen. Ich bedanke mich und schicke sie weiter. Irgendwie ahne ich, dass noch eine harte Probe vor mir liegt. Oder ist es nur meine Aversion gegen Galicien beziehungsweise den Dauerregen, dem ich mich unaufhaltsam nähere? Langsam und lustlos schleppe ich mich voran, ich wünschte, ich wäre gemeinsam mit Maria und Roberto auf dem Wanderpfad, in unmittelbarer Natur. Luftlinie trennen mich und den Pfad vielleicht bloß 300 Meter, dazwischen liegt nebelverhangener Wald.

An einer Kirche mache ich Rast. Mittlerweile hangle ich mich von Raststelle zu Raststelle, so wie ich mich im Job oft von Urlaub zu Urlaub »gerettet« habe. Aber aufgeben kommt nicht in Frage, weder hier noch da. Ich gehe den Weg zu Ende und werde sehen, was das Ziel für mich bereithält!

Auf der Wiese hängen die Bäume voll von Äpfeln, wie herrlich sie so frisch vom Baum schmecken. Ich runde den Geschmack noch mit salzigem Schinken ab.

In Puebla de Sanabria leben in einem ehemaligen Internatskomplex vier sehr alte Nonnen, die Pilger beherbergen. Sie wohnen im Frauentrakt, der über einen Aufzug verfügt, während für die Pilger der Männertrakt ohne Aufzug vorgesehen ist.

Den Frauentrakt darf ich nicht betreten und so warte ich auf kräftige Hilfe, die mich in den zweiten Stock hochzieht. Etwas ausgekühlt von Dauerregen und stetigem Fahrtwind sitze ich in der Ecke der stattlichen Empfangshalle auf einer Couch. In der Mitte der riesigen Halle steht ein winziger Tisch mit zwei Stühlen, in einer Ecke eine Topfpflanze.

Die Schwester bringt mir Decken und entschuldigt sich bei mir, mir nicht helfen zu können. Schon bald hallt das Klopfen von Neuankömmlingen an der Tür.

Wie erhofft sind es Roberto und Maria. Ohne zu murren ziehen sie mich die unzähligen Stufen hinauf, zum Stadtbummel und Abendessen werde ich von ihnen wieder hinuntergetragen und anschließend natürlich noch einmal hinauf. Dankbar nehme ich alles an, was die beiden mir an Aufmerksamkeit entgegenbringen – was für Alternativen habe ich denn. Auch Roberto und Maria sind fraglos müde von einer anstrengenden Route auf matschigem Boden.

Beim Abendessen erzählen beide von sich. Roberto schreibt und veröffentlicht in einem lokalen Magazin Gedichte über den Camino.

Er ähnelt dem jungen Pablo Neruda, finde ich. In seiner Miene meine ich deutlich Anklänge an die Schwermut des Poeten geschrieben zu sehen. Ihm schmeichelt der Vergleich.

Sie erzählen über das kommunistische Spanien, gemeinsam sehen wir uns danach im Fernsehen eine banale Sendung an, »Café Camera«. Der Name ist Programm. Eine Kamera ist in einem Betrieb im Kaffeeautomaten versteckt, vor dem sich die Mitarbeiter treffen, um ihre Dosis Koffein zu erhalten. Die Show lebt vom Wortwitz, der an mir komplett vorbeigeht. Ich bin dankbar, den Abend nicht allein verbringen zu müssen.

Regen trommelt an die Fenster. »Das ist Galicien«, denke ich beim Einschlafen. Vor zwei Jahren bin ich mit Lydia hier durchgewandert, ebenfalls bei strömendem Regen. Damals schwor ich mir, nie wieder.

Sag niemals nie, es limitiert dich nur selber oder veranlasst dich zum Wortbruch. Wieder so eine Jakobsweg-Weisheit?

Sogar die Fußpilger nehmen heute, es ist mein 25. Tag, die nasse Straße auf den 1300 Meter hoch gelegenen Padornelo-Pass. Der Verkehr schlängelt sich auf der oberhalb gelegenen Autobahn hinauf.

Hier ist es ruhig. Regen. Was überall als die schönste Etappe des Mozarabischen Jakobswegs gepriesen wird, bleibt verhüllt. Asphalt direkt unter den Rädern, mehr Sicht gibt es nicht.

Ich stelle mir vor, wie andere Rollstuhlfahrer oftmals auf Wanderwegen mit jeweils zwei Begleitern unterwegs sind. Selbst solche Gespanne würden hier bestimmt die Straße nehmen.

Eine solche Bergetappe zeigt mir immer wieder, wie gut ich trainiert bin. Neun lange Kilometer geht es nonstop bergauf, im gleichmäßigen Rhythmus Meter für Meter. Für müßige Gedanken bleibt kein Raum. Jeder Meter erfordert Konzentration und den ganzen Willen, nicht einfach umzudrehen und den Wagen ins Tal hinunterrauschen zu lassen. Roberto und Maria überholen mich, bergauf kann ich nicht mit ihnen mithalten. Gutes Training hin oder her, aber aus einem Arm wird kein Bein.

Ich wusste noch nicht, wie gut es mir bisher ging! Berge, schlechtes Wetter und Müdigkeit drücken auf meine Stimmung. In der regenreichsten Region Spaniens, von den Tourismusmanagern findig als »grünste Region Spaniens« beworben, hilft einzig der Wille, am Ziel ankommen zu wollen.

Auf der Passhöhe befindet sich eine Bar. Von der Decke hängt an einer Schnur ein Schinken, so wie man es hier kennt, ein ganzer Haxen inklusive Fuß. Ich bin fast schon vorbei, als ich meine beiden spanischen Wanderfreunde am Tresen entdecke. Roberto diskutiert lautstark mit einem Freund auf seinem Handy, während ich mir mit Maria eine Tafel Schokolade teile. Auf dem Jakobsweg lösen sich Kalorien einfach in Luft auf oder wandeln sich sogar in Muskelmasse um, wie schön!

Gemeinsam verlassen wir die Bar, deren einzige Gäste wir waren. Der Regen lockt niemanden vor die Tür. Nach einigen hundert Metern biegt der Pfad von der Straße ab. Eng und schmal geht es hinab. Schon bei trockenem Boden wäre es halsbrecherisch, hier eine Abfahrt zu wagen, bei Nässe ist es unmöglich.

Ich fühle mich auf den französischen Jakobsweg zurückversetzt, wo mir viele Passagen durch die unberührte Natur einfach verwehrt waren und ich immer wieder auf den Asphalt zurückgezwungen wurde. Wie weit liegen die breiten, harten Wege in der Sonne der Extremadura schon hinter mir!

Auch die Straße nach Lubián führt lange Zeit steil bergab. So steil, dass ich es nicht schnell laufen lassen kann ohne Gefahr zu laufen, die Kontrolle über das Gefährt zu verlieren. Regen peitscht mir ins Gesicht. Der nächste Rastort liegt im Tal zwischen zwei Bergzügen, wer an einem Tag nicht zweimal klettern möchte, übernachtet hier. Die

Herberge befindet sich mitten in einem Baugebiet, welches mir wie ein einziger großer Sandkasten vorkommt.

Viel von dem nassen, klebrigen Sand bleibt an meinen Reifen hängen, und prompt schleppe ich auch jede Menge Sand in den Hausflur, wo er langsam auf den Boden rieselt.

Die Betten, stellt sich nach einer Weile heraus, befinden sich im ersten Stock. Eine steile Wendeltreppe führt nach oben. Schulterzuckend gibt mir der ältere Herbergsbesitzer das Geld für die Übernachtung zurück und weist mir den Weg zu einem Landhaus, das über Zimmer zu ebener Erde verfügen soll. Praktischerweise liegt es in derselben Straße.

Ich bin hin und her gerissen. Soll ich doch, wie eigentlich geplant, noch in den nächsten Ort gehen, oder einfach in dem pilgerfreien Landhaus übernachten?

Ich spüre, dass ich unbedingt in der Herberge bleiben will. Mein Gefühl rät mir zwar eindeutig dazu, in das Landhaus zu gehen, aber ich entscheide mich dagegen. Ich will keinen Luxus, es ist der Pilgergedanke, der mich lenkt.

Roberto, der inzwischen auch angekommen ist, erkennt meine Unentschlossenheit und sagt endlich »al vino vino al pan pan«, was so viel heißt wie »los, machen wir's«, und zerrt mich die vielen Stufen der Herberge hoch.

Der Blick aus dem Fenster über das regenverhangene Tal belohnt mich für die Entscheidung. Roberto und Maria gehen einkaufen, sie bieten an, in der Herberge etwas zu kochen. Die Küche befindet sich im Erdgeschoss.

Ich merke ihnen die Anstrengung nicht an und schwelge im Rausch unseres neuen Ferienlagers. Wir essen auf der ausgehängten Badezimmertür, die wie eine Tafel auf zwei Stühlen aufliegt. Sie laufen treppauf, treppab, um die Dinge aus der Küche zu holen. Ich bin glücklich darüber, hier zu sein, und wundere mich nur ein bisschen, dass Roberto immer einsilbiger wird.

Plötzlich weist mich Roberto mit brutaler Offenheit zurecht.

»Nein, dies ist keine Romantik«, fährt er mich an. »Wir reißen uns den Arsch auf, um dir das zu ermöglichen, denn du könntest ja auch im Landhaus übernachten. Wir gehen dabei weit über das normale Maß hinaus. Auch wir sind müde, auch uns verlangt der Weg alles ab. Schwierige Themen kommen auch bei uns hoch, die verarbeitet werden müssen. Verstehst du?«

Ich habe den Bogen überspannt. Für mich kommt sein Ausbruch aus heiterem Himmel. Maria sitzt stumm daneben, aber an ihrer Haltung merke ich, dass sie ihm recht gibt. Ich bereue, meiner inneren Stimme nicht gefolgt zu sein, und muss erkennen, dass ich ohne Hilfe von zahllosen Menschen tatsächlich niemals hier angekommen wäre.

Ich gebe Roberto recht. »Wahrscheinlich kann ich mir gar nicht vorstellen, dass es für gehende Menschen auch anstrengend ist, auf diesem Weg voranzukommen. In meinem Kopf wäre das Gehen auf eigenen Füßen ein Traum, das Gehen fühlt sich dabei ganz leicht an. Aber ich hoffe, du denkst nicht, dass ich egozentrisch bin. Das würde mich treffen.«

»Ist schon gut. Ich bin Spanier, und nachdem ich es dir gesagt habe, ist alles wieder gut.«

Er setzt sich auf seine Pritsche, stellt die Dose Bier vor sich auf den Boden und kramt aus dem Rucksack eine Blockflöte hervor. Melancholische Klänge in gedämpftem Licht. Mit gleichmäßiger Miene, in sich versunken, spielt er.

Wir sind gemeinsam weit weg, irgendwo in einem Land, wo es sich trotz Regen und Schmerz lohnt, den nächsten Tag mit Freude im Herzen willkommen zu heißen.

Als ich im Bett liege, danke ich Roberto für die eindrucksvolle Lektion. Die Hilfe und die Geschenke, die ich bis hierhin erhalten habe, sind alles andere als eine Selbstverständlichkeit. Sie kommen immer zur richtigen Zeit und perfekt dosiert. Mit einem Lächeln voller Gewissheit, dass alles gut ist, falle ich in einen süßen Traum.

Ohne Gepäck wandere ich darin durch die schottischen Highlands, bin mir aber nicht wirklich sicher, ob es sich dabei nicht um Galicien handelt. Hügelige Landschaft, neblig und grün, nicht unan-

Die Darbietung lässt uns das Leben für eine Weile vergessen

genehm kalt. Alles geht leicht von der Hand, und ich habe das Gefühl, dass mein ganzer Körper voller Licht strahlt. Wie viel mehr Kraft doch ein Bein hat, verglichen mit einem Arm. Als ob meine Füße den Boden gar nicht berührten, gehe ich querfeldein auf einen Hügel zu. Ich bin glücklich.

Träume ich oder wache ich? Ich liege hier im Zimmer im Bett und möchte aufstehen. Einfach so wie früher: mich aufrecht hinsetzen, die Beine aus dem Bett schwingen und auf den Boden stellen, aufstehen. Warum geht das denn nicht, ich kann es gar nicht fassen, dass es nicht geht. Spüre ich meine Beine? Ich habe das Gefühl, ein Kribbeln in den Füßen zu vernehmen.

Keine Sekunde

Der Morgen empfängt uns mit Regen. Wir trennen uns gleich, ich wähle eine Route auf einer kleinen Straße, die an winzigen Bergdörfern entlang führt, Roberto und Maria nehmen den für die Wanderer empfohlenen Trampelpfad.

Mit sehr hohem Einsatz von Mensch und Material könnte ich hier vermutlich auch hinaufklettern, aber wofür. Schon jetzt verhindert die Nässe, dass ich die Räder richtig zu greifen bekomme.

Qualvoll geht es die Serpentinen hinauf. Auf dem Boden liegen Esskastanien, vom Sturm heruntergepeitscht, aus den aufgeplatzten stachelig grünen Mänteln quellen die braunen Früchte hervor. Ich spüre den Schmerz kaum, wenn beim Herauspulen der braunen glatten Früchte aus der pieksig grünen Umhüllung Stacheln in meine Hand dringen. Roh schmecken die Dinger trocken und durch den hohen Stärkeanteil süß. Das Gefühl im Mund gleicht dem von Deodorant auf der Zunge, pelzig und leicht aphrodisierend.

Zwischen meinen Beinen bildet sich ein See, weil das Regencape wie eine Plane über meinen Beinen liegt, und am tiefsten Punkt sammelt sich das Wasser. Es riecht nach gegrilltem Fleisch. Wenn ich die Augen schließe und die von Holzkohle geschwängerte Luft einsauge, denke ich an Sommer, Park, blecherne Musik aus der Jukebox und Bier. Als ich sie wieder öffne, sehe ich, dass hier vor kurzem ein heftiger Waldbrand gewütet hat, die Hitze muss so stark gewesen sein, dass sie sogar den Stahl der Strommasten verbogen hat.

An einer Kurve ist die Leitplanke weggespült oder durch das Feuer zerstört worden. Einige hundert Meter geht es hier senkrecht bergab. Ich verweile an dieser Stelle und schaue lange in das Tal hinab.

Vermutlich würde es sehr lange dauern, bis man mich dort unten finden würde, wenn überhaupt. Trotz Regen, Schmerzen und Einsamkeit denke ich keine Sekunde daran, noch einen Meter nach vorn zu rollen, obwohl es so einfach wäre. Das hätte ich vor dreizehn Jahren in Berlin noch anders entschieden. Meistens merkt man erst, wie man sich verändert hat, wenn man tatsächlich über einen kritischen Punkt hinaus ist.

Die letzte Biegung liegt hinter mir, ich habe den Pass von A Canda erreicht, die Grenze zwischen Kastilien und León und Galicien. Mein Wanderführer reflektiert etwas süffisant das Schicksal von Radpilgern in dieser Provinz: »Sollten die Radfahrer bisher die Fußpilger wegen ihrer Strapazen bemitleidet haben, so kann sich dieses Mitleid in Galicien zeitweise in Neid verwandeln. Besonders wenn es geregnet hat, können die Strecken für Radpilger mühsam werden. Auch werden Sie oft steinige und steile Wege vorfinden, die allerdings auch wieder von guten Wegstrecken abgelöst werden. Aber kcine Angst: Wenn Sie es bis hierhin geschafft haben, können Sie auch den Rest bewältigen. Allerdings werden Sie an einigen Tagen wohl nicht so schnell vorankommen wie bisher.«

Werde ich in Galicien je wieder trocken?

Bergauf bewege ich mich im Schneckentempo, und jetzt deutlich zu schnell. Regenwasser spritzt in alle Richtungen, während die Reifen durch den Wasserteppich pflügen. Der Regen legt einen Film auf die glitschigen Greifreifen, anzuhalten ist hier völlig unmöglich. Bis das Wasser verrieben ist und ich langsamer werde, habe ich schon viele weitere Meter zurückgelegt.

Ich schreie vor Schmerz. Die Hände pressen sich an den Stahl, und jede Sekunde sehe ich mich die Kontrolle verlieren und gegen die Leitplanken rasen. Mit großen Bögen versuche ich die Geschwindigkeit zu drosseln und Herr über meine Lage zu bleiben. Die am Rollstuhl befindliche Bremse ist für diese Zwecke wertlos. Sie funktioniert wie eine Handbremse beim Auto, betätige ich sie etwas härter, rastet sie sofort ein und blockiert das Rad.

Ich habe einen Krampf in der rechten Hand und kann nicht mehr zupacken. Ist der Nerv im Carpal-Tunnel abgestorben, hat er nun endgültig aufgegeben? Sind das die motorischen Ausfälle, vor denen mich der Frankfurter Sportarzt warnte? Ich habe panische Angst. Ohne eine funktionierende Hand wäre ich wirklich behindert.

In der ersten Kneipe an einem Trucker-Stop fliehe ich aus dem Regen ins Trockene. Ich versuche zu schreiben, aber der Stift fällt mir aus der Hand. Erste Wiederbelebungsversuche scheitern, und ich stelle mir voller Entsetzen vor, die Reise hier beenden zu müssen. Daumen, Zeige- und Mittelfinger gehorchen nicht, sie bewegen sich nicht aufeinander zu.

Auf gar keinen Fall möchte ich wieder hinaus in den kalten Regen, vielleicht hilft mir eine Flasche Wein, keinen Schmerz mehr zu spüren? Vorher wasche ich mir noch die Hände. Als das heiße Wasser die tauben Hände weckt, kehrt die Motorik langsam zurück. Erleichtert seufze ich auf. Angst und Freude liegen im Moment eng beieinander.

Pitschnass treffe ich Stunden später in A Gudiña Roberto und Maria. Auch sie hat der Regen voll erwischt, oft konnten sie den anderen kaum neben sich erkennen. Als sie mich sehen, springen sie freudestrahlend aus einer Bar und begleiten mich zur Herberge. Ich bin glücklich, sie wiederzusehen.

Diesmal ist alles barrierefrei – ich atme auf. Eine ähnliche Konstellation wie gestern hätte ich nicht akzeptiert, lieber wäre ich in eine Pension gegangen.

In der Herberge verteile ich meine Ausrüstung auf sämtliche Heizungen. Nichts ist trocken geblieben, außer den wenigen Dingen, die in einem wasserdichten Beutel im Rucksack verstaut waren. Das Handy gehörte nicht dazu und verweigert wie zu erwarten seinen Dienst. Ich trockne jedes Teil, sogar die Sim-Karte ist feucht. Ein Jump-Start an der Steckdose schafft das Unmögliche. Ich habe sogar eine SMS.

Wir machen uns mit der zweiten Garnitur fein und gehen zusammen in ein Restaurant essen, während die nassen Klamotten vor sich hindampfen und hoffentlich trocken werden. Der Speisesaal ist leer, ausnahmsweise läuft einmal kein Fernseher im Hintergrund, und wir bekommen das gleiche Menü, das ich heute Mittag schon hatte. Ob beide Restaurantbesitzer beim gleichen Großhändler eingekauft haben?

Wie wohltuend, den Abend gemeinsam zu verbringen. Morgen wird das schon wieder anders sein. Ich entscheide mich für eine 30 Kilometer längere Alternativroute nach Ourense, dem letzten großen Ort vor Santiago de Compostela. Roberto und Maria haben es etwas eiliger, bleiben auf dem normalen Weg und werden mir einen Tag voraus sein.

Roberto und ich verabschieden uns herzlich mit spanischem Schnaps aus Wassergläsern, gelbem Oroucho. Während der weiße Oroucho wie ein klarer Schnaps schmeckt, ist der gelbe süßer und hat natürlich auch weniger Alkohol. Maria trinkt überhaupt keinen Schnaps und wohnt deshalb der Verbrüderungsszene nicht bei.

Roberto erzählt von dem tiefen Schmerz, den jeder »Gallego«, Galicier, verspürt. »Caraelo« nennt er ihn. Ob es sich um eine ähnliche Schwermut handelt, wie ich sie von Schotten und Iren kenne? Vielleicht hängt sie wirklich mit dem Wetter zusammen, und Alkohol verstärkt die Melancholie dann nochmal.

Immer wieder entlang des Wegs – auch eine Art Herberge …

Wir werden uns erst in Finisterre wiedersehen, wenn ich so weit komme. Die Erfahrung heute hat mir einen Dämpfer versetzt. Eine Menge habe ich bis hierhin geschafft, und doch heißt das nichts. Auf den nächsten 300 Kilometern kann noch viel passieren.

Visualisierungen

Meine Route verläuft über unbefahrene Nebenstraßen, die vom Regen kaum aufgeweicht sind. Wer weiß, vielleicht treffe ich nach fünf Tagen auch wieder auf neue Pilger. Den Gedanken habe ich vor lauter Hoffen nicht zu Ende gedacht, wie mir bald darauf auffällt: Wo sollen sie denn herkommen, die neuen Pilger, wenn nicht von der Herberge, in der ich war? Wir waren aber nicht mehr als drei einsame Gestalten gewesen.

Die von mir gewählte Strecke ist in meinem Wanderführer nicht beschrieben, und erst eine zehn Kilometer lange Abfahrt, die ich wie fliegend hinter mich bringe, lässt mich ahnen, dass ich auf einer wahrscheinlich deutlich anstrengenderen Passage unterwegs bin.

In der denkmalgeschützten Herberge in Verín werde ich krank. Seit Tagen bin ich der Erste, der hier übernachtet, von wegen andere Pilger … Mit Fieber liege ich schon früh im Bett. 27 Tage Vollgas fordern ihren Tribut.

Am nächsten Morgen schleppe ich mich in stockfinsterer Nacht weiter, verlaufen kann man sich entlang der Straße ja nicht groß. Warum hätte ich noch einen Tag bleiben sollen. Ich hatte in dem Kellergewölbe nicht mal den Lichtschalter gefunden und musste bei tagheller Beleuchtung schlafen.

Gewissermaßen als Ersatz für die Sehenswürdigkeiten, die Verin nicht zu bieten hat, habe ich gestern seit Wochen das erste Mal wieder E-Mails gelesen.

Meine Entscheidung, einen Umweg zu gehen, hat die Anzahl meiner Antriebe um 20 000 erhöht. Mit jedem weiteren Schritt, jeder weiteren Umdrehung kommt das große Ziel näher. Brauchte ich die anstrengende Route, weil ich noch nicht bereit bin, in absehbarer Zeit anzukommen?

Ich muss in Bewegung bleiben, um nicht auszukühlen, es ist fast wie bei meinen Fahrten in Deutschland. Außerdem schauen mich hier die Menschen wie ein Ufo an. Zugegeben, mein Regencape ist nicht gerade Hautecouture, aber so schrecklich kann es doch auch nicht aussehen?

Ein absurdes Erlebnis fällt mir ein. Einmal trug ich das Cape zu Hause bei strömendem Regen zum Einkaufen. An der Kasse fragte mich die Kassiererin: »Brauchst du den Kassenbon?« Ich wunderte mich über das jugendliche Duzen, und lehnte wohlerzogen brav dankend ab. »Aber vielleicht die Mutti?«, ließ sie nicht locker.

Das Dunkelblau des Umhangs verjüngt mich offensichtlich rasant, aber das ist nicht der Grund dafür, warum ich es überhaupt nicht mag. Trotz dieses Gewands werde ich immer nass, jedes Mal wieder, da der Regen irgendwo hinfließen muss. Zum Beispiel auf die Sitzfläche, weswegen ich nach längeren Regenschauern regelmäßig im Nassen sitze. *Let the sun shine.*

Ein Zettel an der verschlossenen Herbergstür weist mich an, den Schlüssel in der lokalen Bar zu holen. Ich irre etwas verloren durch die kleine Ortschaft, und frage an einem Vorschulkindergarten nach dem Weg. Die lachende Kindergärtnerin beschreibt ihn mir, überlegt es sich dann aber anders und stellt mir ein 8-jähriges Mädchen an die Seite, die mit mir gehen soll.

Irgendwie ist dem Mädchen die ganze Situation peinlich. Vor allem, weil wir schon nach wenigen Schritten vor der Bar stehen. Von lauter alten, trinkenden Männern umgeben bittet sie für mich um den Schlüssel. Sie ist froh, wieder verschwinden zu können, nachdem sie mir den Rückweg sicherheitshalber gleich dreimal erklärt hat. Jeden Satz beginnt sie dabei mit »Mira«, »sieh mal«.

Aber ich bin immer noch nicht am Ziel meiner Wünsche. Erst mal soll ich mit den Jungs Bier trinken und mich ausfragen lassen, dann meinen Namen und meine Personalausweisnummer in das Pilgerbuch schreiben, und als Nächstes bekomme ich einen Schlüsselbund mit drei verschiedenen Schlüsseln. Am nächsten Morgen soll ich den schweren Bund einfach unter dem Rollo der Ladentür hindurchschieben. Wie das gehen sollte, ist mir schleierhaft, denn die Bar ist unverschlossen.

Ein Restaurant gibt es hier allerdings nicht, und der Bäcker macht erst morgen früh wieder auf. Nicht so früh, fügt der Barbesitzer schnell korrigierend hinzu. Also bleibt mir nur der Gang in den winzigen Supermarkt. Wie immer bewahrheitet sich die Lektion, nicht hungrig einkaufen gehen zu sollen, ich kann mich nicht entscheiden und nehme viel zu viel mit.

Wie in einem Hochsicherheitstrakt muss ich an der Herberge zwei Türen hintereinander aufschließen. Wofür aber ist der dritte Schlüssel?

Am Abend durchbreche ich die Stille der erst 2001 errichteten Herberge und rufe Roberto an. Er berichtet, dass sie einen Gang zulegen werden und schon in drei Tagen in Santiago sein wollen. Auch sie sind gestern Abend allein in ihrem Refugio gewesen. »Allein in der Herberge, so so …!« Er geht auf meine Anspielung nicht ein. Nicht heute.

In den langen einsamen Stunden visualisiere ich meinen neuen Job und meine nächste Freundin. Ich stelle mir vor, was ich will und was ich nicht will. Was hat beim letzten Mal funktioniert, was nicht? Ein paar Dinge möchte ich weder im neuen Job noch in meiner nächsten Beziehung erleben.

Im Gebet erfrage ich, was ich an mir ändern muss, um ein volleres Glück auch in diesen Bereichen zu erfahren. Freilich hätte ich es besser wissen müssen, denn gerade die Dinge, die man nicht will, bekommt man. Erst wenn ich erkenne, warum ich Dinge nicht mehr in meinem Leben will und die tiefere Ursache abstelle, kann wirkliche Veränderung erfahrbar werden. Um mir die Zeit für diese schwierigen Gedanken zu nehmen und dabei nicht die Möglichkeit zu haben, davonzulaufen, bin ich auf dieser Reise.

»Focus on what you want and not what you don't want!«

Ich will wissen, warum ich auf dem Jakobsweg so vollends glücklich bin, in vielen anderen Situationen jedoch nicht. Was unterscheidet diese Welt hier von anderen? Befinde ich mich in einer Traumwelt? Auch die Ruhe des Caminos ist eine Illusion, ich weiß es, dennoch ist es viel leichter, auf ihm in Kontakt mit sich selbst zu kommen. Mit viel Konzentration geht das natürlich auch auf dem Seitenstreifen einer Straße mit tosendem Verkehr …

Jeder Pilger lernt in sich hinein zu lauschen und von der Weisheit der dort vorhandenen niemals versiegenden Quelle zu schöpfen, dort Entscheidungshilfen zu finden und zu erkennen, dass einen kein Mensch so gut beraten kann wie die eigene Intuition. Damit kann jeder Pilger bedingungslos ja zu sich und seinem eigenen Rhythmus sagen, egal wie schnell oder langsam sich dieses Tempo von außen betrachtet ausnimmt. Er beachtet sein Material, aus dem er ist, erkennt die Besonderheiten und kann sie nutzen.

Aus Ton wird kein Stahl, aber eine tragende Säule kann aus beidem entstehen. Manchmal braucht es Zeit, bis man sich selbst sein Geheimnis entlockt hat, aber dafür wird der Weg zum Ziel: Sich anders zu bewegen, anders zu sehen und anders zu empfinden als im Alltag. Auf dem Pilgerpfad ist man brennenden Fragen und Antworten 24 Stunden ausgesetzt. Kein Fernseher, Internet oder Telefon, die die herbeigesehnte Ablenkung ermöglichen. Weglaufen geht nicht.

Dennoch: Nichts was hier erfahrbar ist, könnte an anderer Stelle zu anderer Zeit nicht genauso erfahren werden. Bei der Pilgerwanderung geht es darum, ein Stadium der Offenheit zu erreichen, um grundlegende Entscheidungen zu treffen und durchzuführen, die dann positive Veränderungen im Leben bewirken. Spiritualität ist für jeden, der sich darauf einlässt, erfahrbar, hier wie anderswo.

Ich fühle mich mit allen Dingen um mich herum verbunden. Die Landschaft und das Äußere verändern sich mit wechselnder Stimmung. Zum ersten Mal fühle ich die Freiheit eines Landstreichers. Alles Meine trage ich bei mir, ich kann gehen, wohin ich will, und anhalten, wann ich möchte. Wenn ich hungrig bin, greife ich in meinen Rucksack und nehme mir etwas zu essen, oder ich finde Obst und Gemüse auf den Feldern, an denen ich vorbeikomme.

Richtig hell wird es in Galicien für mich nie, heute Morgen ist es besonders dunkel. Ab und zu blenden mich Scheinwerfer entgegenkommender Autos, eine Frau, wahrscheinlich auf dem Weg zu ihrem Espresso in einer Bar, sieht mir lange nach. Ich spüre den Blick in meinem Nacken, als ich mich umdrehe, sehe ich sie immer noch wie angewurzelt dastehen. *Let me entertain you.*

Dankbar nehme ich nach einer Stunde eine Abzweigung von der Straße. Frühnebelverhangen windet sich das Sträßlein in der morgendlichen Stille. Welcher Wochentag ist heute eigentlich? Fühlt sich an wie ein Sonntagmorgen.

Plötzlich rast ein riesiger Hund wie aus dem Nichts auf mich zu, stoppt jedoch in einiger Entfernung mitten auf dem Weg, als ob er sagen wollte: »Hier ist nur Platz für einen von uns beiden. Noch kannst du umdrehen.« Ich nehme mein aufgeklapptes Taschenmesser in die rechte Hand, Sicherheit fühlt sich anders an. Langsam nähere ich mich dem Tier und befehle ihm, den Weg freizugeben. Mit jedem

Schritt, den ich langsam näher komme, weicht er einen zurück und wird nach einer Ewigkeit von seiner Besitzerin zurückgepfiffen, die gar nicht begriffen hat, was passiert war. Sie warnt mich vor dem kommenden Stück des Wegs, »impossible« nennt sie es, aber ich glaube ihr nicht. Nicht aus Trotz, intuitiv weiß ich es besser.

Stundenlang wandere ich durch einsame Wälder, passiere kleine Weiler, um irgendwann auf einer ehemaligen Nationalstraße zu landen. An einem steilen Stück spucke ich schon in die Hände, um fest zupacken zu können, als mir ein Bauer hinterher gerannt kommt. Er schiebt mich unaufgefordert hinauf. Hat er unseren längeren Blickkontakt missverstanden? Er duldet keine Widerworte, das hier ist sein Land, hier herrscht sein Gesetz. Er wünscht mir für den weiteren Pilgerweg alles Gute und verschwindet schneller, als er gekommen ist.

Es ist zum Kotzen. Nie, wirklich nie, kann ich auf dem Weg verlässlich planen! Laut Höhenprofil liegt Ourense 600 Meter tiefer, bereits mittags wähne ich mich auf der Abfahrt dorthin. So leicht habe ich noch nie eine Tagesetappe bewältigt, freue ich mich schon, oder sollte Ourense erst die nächste, zwölf Kilometer entfernte Stadt sein? Immerhin hat Ourense 110 000 Einwohner, und das vor mir liegende Städtchen sieht deutlich kleiner aus. Wieder ist es brütend heiß, nachdem es am Morgen noch geregnet hat, und wieder drückt eine anstrengende Route der zweiten Tageshälfte ihren Stempel auf.

Tatsächlich, es geht aus dem Talkessel wieder hinauf. Es ist Samstag. Auf dem Wochenmarkt der kleinen Stadt herrscht lebhaftes Treiben.

Ich kann bald nicht mehr, es zählt nur noch das Ankommen, irgendwie. Aber alles in mir scheint dem entgegenzustehen: die Müdigkeit, der ständige Hunger, die niemals richtig wach werdende rechte Hand und dann noch das Aufwühlen von alten Verletzungen. Mit Tränen in den Augen denke ich an meinen Vater und seine Harmoniesucht. Einmal, es war bei einem Urlaub, verschwand ich einfach für zwei Tage, spurlos. Als ich zurückkam, war seine einzige Reaktion: Ah, da bist ja wieder.

Ich war fünfzehn, und mein Vater, ein Bruder von mir und ich flogen für zwei Wochen nach Ägypten in Urlaub. Das Baden und Herumliegen war mir schnell zu langweilig, also erkundete ich mit Sammeltaxis und Bussen die nähere Umgebung.

Einmal traf ich auf einen Englisch sprechenden Arzt und unterhielt mich eine Weile mit ihm. Schließlich lud er mich zu sich nach Hause ein. Sicherlich etwas blauäugig ging ich einfach mit ihm mit, und erlebte einen unvergesslichen Abend. Bei dem Abendessen, bei dem, wie es mir schien, von seiner Familie alles, was die Speisekammer zu bieten hatte, aufgetischt wurde, und bei einem gemeinsamen Gang durch die Stadt am nächsten Morgen fühlte ich mich aufgehoben und akzeptiert wie sonst nie. Warum war das in meiner Familie eigentlich nicht möglich?

Am Abend kehrte ich wie selbstverständlich zurück. Ich hatte die schönsten beiden Tage des Urlaubs erlebt, jetzt würde ich eine Moralpredigt von meinem Vater zu hören bekommen, aber das war es mir wert. Sie kam nicht, sie kam nie, stillschweigend wurde zur Tagesordnung übergegangen. Noch heute verstehe ich nicht, wie er so gefühllos mit mir umgehen konnte.

Erst an seinem Sterbebett erzählte er mir, dass er damals ein Brennen im Herzen gespürt hatte und glaubte, er bekomme einen Herzinfarkt. Die Mediziner haben später bei ihren ausführlichen Krebsuntersuchungen eine kleine Attacke diagnostiziert, die unerkannt Jahre zurücklag.

Point of no return

Endlich sehe ich mein Ziel im Tal liegen. Ich ziehe den Pullover aus, das Regencape ist schon seit den Mittagsstunden im Rucksack verschwunden. Der Weg ist sehr verwinkelt, wie im Film »Die fabelhafte Welt der Amelie« befindet sich an jeder Ecke ein verstecktes Wegzeichen. Ich gleite an einem Bach entlang, jeder Pfeil zeigt in eine andere Richtung. Über eine Brücke gelange ich auf die andere Seite. Dort ist wieder ein Pfeil, der um einen Häuserblock herumführt. Wann springt wohl der Erste der Einwohner hier hinter einer Ecke hervor und lacht mich aus?

Ich bin am Ende des Bächleins in der Stadt angekommen, bei einem heruntergekommenen Gebäude hören die Pfeile einfach auf.

Als ich nach langem Suchen weitere Pfeile finde, ahne ich, dass ich der falschen Markierung gefolgt bin. Die Pfeile zeigen stadtauswärts, und in dieser Richtung geht es einen langen Anstieg hinauf.

Ich werde wütend auf mich und schreie mich an. Auf die gleiche Weise habe ich auch schon Autofahrer beschimpft, die zu dicht an mir vorbeifuhren, oder Hunde, die mich frech laut ankläfften. Die Wut darüber, kurz vor dem Ziel falsch abgebogen zu sein, lässt mich kochen. Und nirgendwo ein Ventil, um den Ärger loszuwerden!

Das ehemalige Kloster San Francisco ist heute die Pilgerherberge von Ourense. Wo im 14. Jahrhundert die Franziskanermönche auf Strohschütten geschlafen haben, nur einen Becher Wasser neben sich, bettet der Wanderer heute luxuriös sein müdes Haupt auf Pierre Cardin-Matratzen. Und ums Eck finde ich eine Filiale der Deutschen Bank, wie praktisch.

In den zurückliegenden vier Wochen habe ich gerade einmal 500 Euro ausgegeben. An das Gefühl, auf Dinge verzichtet zu haben, kann ich mich allerdings nicht erinnern. Auch hier in Galicien wird sich das nicht ändern.

Deutsche und spanische Radpilger versuchen, den Herbergsvater zum Abendessen einzuladen, um die Sperrstunde etwas flexibler handhaben zu können. Doch der bleibt stur und mahnt uns zur Eile. Daran halten wir uns auch, bis zum Digestif. Dann ist's vorbei mit der Selbstdisziplin.

Geplant sind ein oder zwei schnelle Runden, aber keiner hat mit dem Wirt gerechnet. Als er selbst gebrannten Schnaps in einer 1,5-Liter-Flasche auf den Tisch stellt, werden wir mit jedem Mal Nachschenken lockerer in puncto Schließzeiten. Man wird uns schon nicht vor der Tür stehen lassen.

»Sag mal, darf ich dir eine intime Frage stellen?«, fragt mich der Spanier an unserem Tisch in einer Mischung aus Deutsch, Spanisch und Englisch, als wir die Flasche fast geleert haben. Ich weiß sofort, was kommt. Habe ich einmal den Rollstuhl vergessen und sitze einfach gemütlich mit anderen zusammen, prompt werde ich auf den Rollstuhl angesprochen.

»Geht das eigentlich mit dem Sex?«

Frauen fragen nie so direkt. Ich weiß nicht, wohin dieses Gespräch führen soll, und so antworte ich ausweichend, dass im Zeitalter von Viagra sogar Hugh Hefner mit seinen Bunnys gut unterwegs sei. Solche distanzlosen Fragen sind mir höchst suspekt. Nur weil ich im Rollstuhl sitze, bin ich doch kein seltenes Tier aus dem Zoo, für dessen Vorlieben und Gewohnheiten man sich interessieren müsste.

Wir sind zwar nicht die Letzten, die an der Pforte Einlass begehren, aber freundlich empfangen werden wir trotzdem nicht, obwohl wir dem Hospitalero Bier mitgebracht haben. Gegen Mitternacht hallt das nächste Klopfen durch das Gewölbe und ich denke an Shakespeares Macbeth, der nach seinem Mord an dem schottischen König ausruft: »Wake Duncan with thy knocking, I wish thou couldst.« Im Halbschlaf frage ich mich, ob der Herbergsvater ihnen wohl geöffnet hat.

Um acht Uhr morgens stehen wir verkatert vor der Herbergstür. Wir sind sechs Personen, das Mitternachtspärchen inklusive. Der Betreuer verhält sich uns gegenüber vollkommen kompromisslos, Pilger sollen marschieren und nicht bis in die Puppen schlafen, und schon gar nicht, wird er sich gedacht haben, wenn sie die Nacht davor zu tief ins Glas geschaut haben. Um eine Minute nach acht fällt das große Tor hinter uns ins Schloss.

Die Radfahrer wollen heute Abend schon in Santiago sein, ich übermorgen. Sie rasen den Berg hinunter und sind im Handumdrehen verschwunden, während das Pärchen sich ganz pilger-untypisch zu seinem Auto begibt.

Um diese Uhrzeit sind nur wenige Menschen auf den Beinen. Einige Marktfrauen waschen in heißem Wasser frisch gefangenen Tintenfisch, den es hier gekocht und gegrillt an jeder Ecke zu kaufen gibt. Auch für Wanderer ist *Pulpo* eine beliebte Eiweißquelle.

Es gibt zwei Routen aus dem Talkessel, eine östliche und eine westliche. Mein Wanderführer empfiehlt, beide zu kombinieren, da die westliche Alternative am Anfang mehrere Kilometer neben der viel befahrenen Nationalstraße N-120 entlang führt, und der östliche Weg auf der zweiten Hälfte der N-525 folgt. Was sind schon ein paar Kilometer Umweg, ich wähne mich fast schon am Ziel, Santiago ist nur noch 100 Kilometer entfernt! Zweimal bereits habe ich den Abzweig für den östlichen Verlauf verpasst und befinde mich wieder im Westen der Stadt, bevor ich umkehre.

Ausgerechnet auf dem steilsten Abschnitt stoße ich erneut auf römisches Pflaster. Wunderbar, was für eine Begegnung mit der Historie – nur, was mache ich hier? Habe ich nach 30 Tagen und 900 zurückgelegten Kilometern nicht ein sanftes Ende der Reise verdient?

Mein Wanderführer warnte »Radfahrer schieben« …

Man kann es freilich auch von der anderen Seite sehen: Nach all den Erfahrungen müsste ich jetzt eigentlich stark genug sein für alle Unbilden des Wegs. Jeder Kilometer muss gemeistert werden, auch die letzten, es gibt keine Abkürzung, gibt mir meine innere Stimme süffisant zu bedenken.

Wie aus dem Nichts erscheinen vier fröhliche Radfahrer, die mir sofort helfen. Zwei ziehen vorne, die anderen beiden schieben hinten. Mein Wanderführer hatte explizit vor dieser Stelle gewarnt. Ich müsste es mittlerweile wissen: Er hat immer recht.

Vor 24 Stunden habe ich Ourense von der anderen Seite aus im Tal vor mir liegen sehen. Einmal runter, einmal hoch. Nennt man das ein Nullsummenspiel? Dafür komme ich mir erstaunlich erschöpft vor.

Auf alle Fälle ist die Sicht grandios, als ich zurückblicke. Die alte Römerbrücke, die ich gestern mehrmals passierte, hat die Größe eines Streichholzes. Die Kathedrale hebt sich nur leicht von der Altstadt ab. Ringsherum sehe ich bewaldete Berghänge, kein Laut ist zu hören.

Vor mir liegt ein schmaler Wanderpfad, und links führt eine kleine Straße in eine unbekannte Richtung. Voller wiedergewonnener Wanderlust und hungrig nach einem neuen Naturerlebnis nehme ich den Pfad. Ich sehe Spuren von Mountainbikes und denke an meine Begleiter von gestern Abend. Ob sie wohl schon angekommen sind?

Nach kurzer Zeit weiß ich: Ich sollte umdrehen und den Umweg über die asphaltierte Straße nehmen, doch ich habe den »point of no return« überschritten. Von jetzt an ist meine Freude über die Schönheit des Wegs gepaart mit der sehr konkreten Angst vor einem schweren Sturz. Dreimal bin ich bereits auf der abschüssigen Strecke auf nassen Steinen ausgerutscht und gefallen, und noch viel öfter war ich nahe daran.

Aus Angst weiterzugehen, fülle ich mir meine Hosentaschen mit Esskastanien, die den moosigen Weg pflastern. Vermutlich eine typische Übersprunghandlung, bloß um stehen bleiben zu können, aber auch eine Antwort auf meinen Hunger und die Erschöpfung, die seit Stunden meine Weggefährten sind.

Fast zwei Stunden habe ich für zwei Kilometer benötigt, mit einem dauerhaften Adrenalinspiegel in atemberaubender Höhe. Endlich habe ich wieder festen Boden unter den Rädern, die kleine Straße, die ich vor zwei Stunden wagemutig verlassen hatte. Wieder geht es bergauf und ich habe nicht einmal mehr die Kraft für ein resigniertes: »Ich ergebe mich.«

Eine SMS. Nur zwei Worte: »Kto eso.« Warum schreibt mir Alexander aus Moskau? Er war vor wenigen Wochen für uns eine Art Bodyguard und Fahrer während der Transaktion in Moskau gewesen. Versehentlich habe ich mein Handy in der Rückentasche des Rollstuhls eingeschaltet gelassen, bemerke ich jetzt. Beim Bewegen muss ich wohl der ersten Person in meinem Adressbuch eine SMS gesendet haben. Zehn Mal. Ich schalte mein Handy aus.

Ich kann es nicht fassen, nach nur wenigen Metern verschwindet der Pfad wieder in irgendeinem dichten Wald, während das kleine Sträßchen in genau die andere Richtung führt. Egal wie lang der Umweg ist, ich bleibe auf der Straße, wähle Sicherheit und nehme den Umweg in Kauf.

Plötzlich höre ich auf zu grübeln und verspüre unendliches Glück. Die kleine Straße steigt zwar leicht an, ich gleite jedoch sanft darüber. In diesem Moment kann ich nicht mehr unterscheiden, ob der Weg mich geht, aus mir entspringt oder ich mich auf ihm befinde. Die schmerzenden Hände sind gleichwohl angenehm warm, und die Muskeln fühlen sich ausgeruht an.

Ich schaue mich um und liebe, was ich sehe, die satten grünen Bäume leuchten, ich spüre Einheit mit allem um mich herum. Alles wirkt wie perfekt organisiert, jedes Objekt steht an seinem richtigen Platz und scheint dies auch zu wissen. Alles um mich herum ist verdichtete Energie. Trennung scheint nur in meinem Kopf zu existieren. Ein Satz von Lydia fällt mir ein. In Santiago angekommen wunderte sie sich: »Ich habe das Gefühl, lauter bekannte Gesichter zu sehen. Als ob ich mich selbst ansehen würde.«

Unbewusste Umwege

Später lese ich auf einem Straßenschild: Santiago 70 km. Es ist das erste Mal, dass ich den Namen des ersehnten Ziels lese, auf das ich seit einem Monat zusteuere und das nun so nahe ist. Die Erfahrung von wenigen Minuten davor klingt noch nach, und obwohl dauernd Autos an mir vorbeibrausen, erinnere ich mich an einen Song von Faithless: »Your thoughts cease, a pleasure grows in your soul.«

Das Quartier in Cea ist laut offizieller Informationsbroschüre der Provinz Galicien mit einem rollstuhlgerechten Zimmer ausgestattet. Einfach nur ankommen und ausruhen. Die Straße in den Ort hinein ist steil. Aus einem Haus stürmt eine rüstige Spanierin auf mich zu und schiebt mich kurzerhand ungefragt hinauf. Ich wehre mich nicht, im Gegenteil, es ist ungefragte Hilfe zur perfekten Zeit in der richtigen Dosierung! Die Wunder des Jakobswegs sind manchmal groß und manchmal klein.

Der Herbergsbetreuer, Orlando Torres, macht seinem Namen alle Ehre, groß und stämmig steht er wie ein Fels in der Brandung und begrüßt einen mit brachialem Händedruck. Das Schwarze unter den Fingernägeln passt perfekt zu seinem Hut, den er auch in geschlossenen Räumen selten absetzt.

Er hat den tatsächlich vorhandenen großen rollstuhlgerechten Raum mangels Nachfrage zur Abstellkammer umfunktioniert. Wir lachen beide, als wir das mit Gerümpel voll gestellte Zimmer gemeinsam betrachten. Es bräuchte ziemlich lange, um das ganze Zeug wegzuräumen.

Ihm ist die Sache sichtlich unangenehm, also wirft er mir ein Bier aus dem Kühlschrank zu und fordert mich auf, mich nach Belieben weiter zu bedienen.

Wären wir jetzt in einem Film, würde ich anfangen, hysterisch zu lachen, und dann vor Erschöpfung kollabieren. Die Lektion, die ich lerne, ist immer wieder die gleiche. Erwartungen sind der Killer, lautet sie schlicht und einfach.

Die Abstellkammer von Orlando Torres. Ein Mann wie sein Name

Notdürftig bauen wir im Erdgeschoss ein Nachtlager für mich und entrümpeln zumindest den Weg zum Bad. Der Abfluss ist, wie könnte es bei dieser Glückssträhne anders sein, verstopft. Bin ich wirklich der Erste, der hier duscht?

Abends, die Esskastanien, die ich unterwegs aufgelesen hatte, liegen geröstet vor mir auf dem Teller, kommt eine Gruppe von sieben Pilgern. Sie laden mit einer verblüffenden Selbstverständlichkeit ihr Auto aus. Später frage ich Orlando, der nicht permanent im Haus anwesend ist, sondern als städtischer Beamter das Anwesen extern verwaltet, wie er mit Touristen, die mit dem Auto unterwegs sind, verfährt. »Was soll ich machen? Ich sehe das Auto, aber sie haben Pilgerausweise.«

Jeder pilgert anders.

Orlando weckt mich morgens mit einem Café con leche und Biskuits aus der benachbarten Bar und erklärt mir die Route. Jetzt fokussiert sich meine gesamte Energie auf das Erreichen des Ziels, auch wenn ich Santiago schon kenne.

Vor drei Jahren habe ich es, von Pamplona kommend, mit Lydia zusammen nach 24 Tagen erreicht. Die damaligen 750 Kilometer empfand ich als deutlich mühsamer. Die Ausrüstung war noch nicht erprobt, und jedes einzelne Teil gab sukzessive den Geist auf und musste repariert oder ersetzt werden. Zu der Strapaze des Pilgerns kam die permanente Unsicherheit, was wohl als Nächstes kaputtgeht, eine Speiche, ein Bolzen am Rollstuhl, die Reisetasche? Einmal musste sogar ein Ersatz-Blasensteuergerät aus Deutschland eingeflogen werden, meins war defekt und zwang uns, die Etappen anders zu planen.

Santiago also, das alte und neue Ziel, da will ich hin! Und dann weiter zu Roberto, abschließen, wozu mir vor drei Jahren die Kraft und der Wille fehlten. Über den druidischen Pilgerweg werde ich nach Finisterre an den westlichsten Punkt Spaniens weitermarschieren. Wörtlich übersetzt bedeutet Finisterre »Ende der Welt«, auch ich habe es lange Zeit fälschlicherweise für das westlichste Ende von Europa gehalten.

Mit dem ersehnten Ziel vor Augen, zieht sich jeder Anstieg besonders lang. Eine Geduldsprobe, denn in Gedanken bin ich schon da und diese Meter sind einfach nur lästig. Dabei ist es das Ende, das ganz besonders in Erinnerung bleibt, es ist daher wichtig, wie ich mich von dem Camino verabschiede.

Seit Beginn der Reise suchen meine Augen den Wegrand immer nach grasigen Stellen ab, in der Hoffnung, vierblättrige Kleeblätter zu finden. Völlig unerwartet entdecke ich plötzlich Dutzende. Selig wie als kleiner Junge, der damals ständig vierblättrige Kleeblätter fand, pflücke ich sie und lege sie in meinen Wanderführer. Es ist kein Zufall, dass ich so viele finde, beschließe ich. Felix, der Glückliche.

Wenn es ein inneres Kind gibt, so kann meines oft während der vier Wochen lustig sein und spielen. Nicht nur heute. Es konnte lachen und sich Dinge ausdenken, für die im normalen Arbeitsalltag kein Platz ist. Wie wäre es, die Kuh, die am Seeufer grast, ins Wasser hineinzuschubsen, um zu sehen, ob sie schwimmen kann?

Die untergehende Sonne jeden Tag hautnah mitzuerleben, bereitet einen erfüllten Tagesabschluss vor. Die Luft wird kühler und das Gefühl kommt auf, jetzt nach Hause gehen zu wollen.

Was selten möglich war unterwegs, ist nach Herzenslust einzukaufen. Hier ist es anders: ein riesiges Einkaufszentrum steht von weitem sichtbar in der Landschaft. Ein neuzeitliches Mekka. Gierig packe ich so viel Lebensmittel in eine Kiste, wie noch nie auf der gesamten Reise. Immer wieder muss ich Dinge weglegen, weil ich etwas anderes finde, natürlich einschließlich einem kleinen Biervorrat. Gewicht spielt jetzt überhaupt keine Rolle mehr, irgendwie muss alles in meinem Rucksack oder auf meinem Schoß Platz finden, um die letzte Übernachtung vor Santiago zu feiern. Wird es wirklich die letzte sein?

Die denkmalgeschützte, vollständig renovierte Herberge in Laxe ist kalt und hat gewaltige Ausmaße. Hier könnte problemlos eine Hochzeitsfeier in gepflegtem Rahmen mit 500 Personen veranstaltet werden. Zweimal verlaufe ich mich auf meinem Weg zurück in mein

Zimmer. Unnötig zu sagen, dass ich wieder allein bin. Zum wievielten Mal inzwischen?

Ich liege schon im Bett, als ich Geräusche höre. Erschrocken fahre ich zusammen. Mein Bauch krampft und ich stelle mir vor, wie ich hier unbemerkt ermordet werde – als Pilger wenige Kilometer vor dem Ziel eiskalt niedergestreckt! Würde mich das nicht zu einem richtigen Märtyrer machen? Nachdem ich einmal schon in Santiago als Pilger angekommen bin, würde auf meinem Grabstein PILGER stehen.

Ich steige aus dem Bett und treffe das Mitternachtspärchen, das vor zwei Tagen in Ourense an die Klostertür gehämmert hatte. Deborah kommt aus San Diego, und ihr 40-jähriger Begleiter irgendwo aus Spanien. Er behauptet, evangelisch und katholisch zugleich zu sein, irgendwie verebbt die merkwürdig undifferenzierte religiöse Unterhaltung bald. Deborah findet es cool, »to do the camino«. Meinetwegen, heute Nacht ist mir alles egal, wir rösten die Esskastanien, die ich unterwegs aufgelesen habe, und trinken den Rest meines Biervorrates.

Als örtliche Besonderheit schließt hier die Feuerwehr die Herberge auf und zu. Wie gut, dass sie mich an diesem Morgen vergessen hat. Ein Lager am Vorderrad ist defekt, es blockiert und bremst den Stuhl.

Eigenartig, so kurz vor dem Ziel noch eine letzte Reparatur durchzuführen, oder will etwa auch der Rollstuhl noch gar nicht ankommen? Na na, rede ich ihm zu, wir sind jetzt schon seit 2500 Kilometern auf irgendwelchen Jakobswegen in Deutschland, Frankreich und Spanien unterwegs, wer wird denn da jetzt klammern!

Also noch einmal Herumschrauben, was mir ein echter Graus ist. Immer fällt irgendein Kleinteil auf den Boden und kullert zielgenau in den äußersten Winkel des Raumes. Das zwingt mich, im dreirädrigen Rollstuhl, das abmontierte Rad liegt neben mir, wacklig hinüberzufahren, um das Teil zu suchen. Diesmal ist es eine Unterlegscheibe, sie ist natürlich unters Bett gerollt. Mit einem Besen bekomme ich sie zu fassen. Das muss wohl noch einmal sein zum Schluss.

Warum ich Galicien nicht mochte: Schlammige unausgebaute Pfade

Anstatt zügig voranzuschreiten, trödele ich lustlos. Die Reise wird bald zu Ende sein, und irgendwie auch nicht. Was heute auch passiert, sage ich mir, du wirst in Santiago ankommen, und wenn du für die letzten Kilometer ein Taxi nimmst. Muss ich ja niemandem erzählen …

Warum beschließe ich dreizehn Kilometer vor dem Ziel, einen unbekannten Umweg zu nehmen? Vordergründig, weil die Stunden an dieser lauten Straße ganz und gar nicht der ruhige Abschluss sind, wie ich ihn mir vorstelle. Ich möchte die letzten Kilometer in Ruhe in mich aufnehmen und mich darauf freuen, es bald geschafft zu haben. Oder suche ich unbewusst nach einem Trick, die Reise doch noch zu verlängern?

Ausstrahlende Kraft

Die meisten Pilger beschreiben, dass sie noch Monate später jeden Tag den Weg im Geiste entlanggehen und seine Magie spüren. Sie haben Veränderungen und Wunder erfahren und kehren gereinigter und freier zurück. Genau dann, im Alltag, wird es sich zeigen, ob sich die erlangten Einsichten als zutreffend erweisen.

»Wir kamen wieder und ich fiel in ein Loch«, erzählte mir einmal eine 60-jährige Pilgerin. »Das soll es gewesen sein? Aber ich bemerkte beim Verrichten meiner Hausarbeit, dass ich den spanischen Wind auf der Haut und die harte Erde unter meinen Füßen spürte. Lächelnd saugte ich im Haushalt vor mich hin. Der Weg geht weiter, ich habe das Gefühl, Santiago war nur der Anfang!«

Wer sich einmal auf den Weg gemacht hat, ist selten davon abzubringen, es noch ein zweites Mal zu wagen. Schwierigen Themen, die man beim Wandern im Gepäck hat, kann man während der vielen Stunden des gleichmäßigen Gehens nicht mehr davonlaufen. Hier und jetzt habe ich die Möglichkeit, meinen Standpunkt zu betrachten, und ebenso den der anderen, vielleicht kann ich dann beide Positionen in Bewegung bringen. Man wird dadurch gelöster.

Während und nach der Zeit auf dem Jakobsweg verändern sich im eigenen Leben einige Dinge auf fundamentale Weise. Die Kraft, die jeder erfährt, der ein ehrgeiziges Ziel erreicht, strahlt in alle Lebensbereiche aus. Denn eins weiß jeder Pilger, wenn er nach Wochen Santiago erreicht: Nur aus eigener Kraft hätte er es bis dahin nicht geschafft. Unzählige Hände haben ihm zur richtigen Zeit in passender Dosierung geholfen, um ihn wieder auf die Spur zu bringen.

Vorausgesetzt er wollte es und konnte die Hilfe annehmen. »Maybe he was your angel«, höre ich bei einem Pilgergespräch zwischen zwei jungen Männern, von denen der eine kurz vor der Aufgabe stand. Von einem anderen Pilger hatte er kurze Zeit vorher Kraft und Trost gespendet bekommen.

An einer Tankstelle suche ich mir auf einer Landkarte die abgelegenere Strecke von zwei Möglichkeiten aus, was einen Umweg von acht Kilometern bedeutet. Dunkle Gewitterwolken türmen sich am Horizont auf, ich lache sie aus.

Schon am ersten Hang beginne ich freilich an der Richtigkeit meiner Entscheidung zu zweifeln, regelmäßig fahren auch hier Autos mit hoher Geschwindigkeit vorbei, die vermeintlich einsame Landstraße ist der einzige Verbindungspunkt zweier abgelegener Siedlungen. Bald habe ich wieder den besagten Punkt erreicht, an dem eine Umkehr keinen Sinn mehr macht. Nach zwei Stunden versucht mich ein Straßenschild zu trösten: Santiago 13 km. Auf der anderen Route wäre ich schon da.

Es regnet in Strömen. Mit jedem vorbeifahrenden Auto spritzt Wasser hoch, niemand hält an, um Hilfe anzubieten. Ich verfluche Galicien, die Wanderschaft, die Berge, die Schmerzen, die Mühsal, alles, was mir in den Sinn kommt. Meine Wut lodert wie ein Höllenfeuer, der permanent auf mich niederprasselnde Regen ist dazu das reinste Benzin.

Im Schneckentempo schiebe ich mich den Berg hinauf. Mal wieder! Kurz vor Erreichen der Bergkuppe gebe ich auf. Ich höre auf, mich aufzulehnen. Und die Wut verschwindet augenblicklich wie ein Dämon, der sich plötzlich von seinem Opfer löst und zu nichts verpufft.

Einen Augenblick später hält ein Transporter vor mir, ein Spanier steigt aus und rennt auf mich zu: »Quieres ayuda?« Ja, doch, ich brauche Hilfe. Völlig durchnässt steige ich ein, wobei ich bemerke, dass ich einen Handschuh verloren habe. Egal, das Ziel ist erreicht, oder?

Der Fahrer bietet mir an, mich nach Monte do Gozo, der großen Pilgerherberge unmittelbar vor der Stadtgrenze, zu bringen. Vom Monte do Gozo können Pilger von Osten kommend zum ersten Mal nach der langen Wanderung das Ziel ihrer Anstrengung sehen. Bis zur Kathedrale mit den Gebeinen des heiligen Jakobus sind es von dort aus noch fünf Kilometer. Nun kann sich der Pilger erfrischen, Kleider waschen, und am nächsten Tag kann er sauber die Pilgermesse am Mittag besuchen. Genau das nehme auch ich mir jetzt vor.

Der Regen will nicht stoppen. Am Monte do Gozo ist es still, kein Autoverkehr, lediglich vereinzelte Stimmen von Pilgern. Ich bin physisch da und mental auch wieder nicht. 200 Meter entfernt steht im Tal ein Schild, das die Stadtgrenze markiert. Vor zwei Jahren bin ich hier mit Lydia durchgerauscht, nur einmal haben wir kurz innegehalten, genau vor diesem Schild, und haben uns erleichtert geküsst. Viele machen hier ein Foto. Es ist eine große Last, die jetzt von einem abfällt.

Auch wenn ich Ruhe und Gelöstheit auf dem Weg gespürt habe, war ich doch nie ganz frei, es galt immerhin, ein Ziel zu erreichen. Ein Ziel, bei dem ich mir nie sicher sein konnte, ob ich es schaffe. Sogar noch die letzten Kilometer haben mir das noch einmal eindringlich vergegenwärtigt. Jetzt endlich kann ich es mir eingestehen: Ich bin sogar noch eine Woche schneller angekommen als geplant. Im Schnitt habe ich jeden Tag 31 Kilometer zurückgelegt.

Monte do Gozo ist eine in den sechziger Jahren entstandene Pilgerherberge und entsprechend ausgestattet. Bis zu 800 Pilger können hier in vier Bungalows übernachten, weniger als hundert sind heute Nacht hier. Für mich will man einen neuen Bungalow aufschließen, um mir bei dem nicht rollstuhlgerechten Bad einen privaten Raum zu ermöglichen. Das ist nett gemeint, und ich nehme das Angebot natürlich an. Im Stillen aber hadere ich mit den Umständen: Die Zeit des Alleinseins soll noch immer kein Ende gefunden haben. Erschöpft und dankbar über die gesunde Ankunft schlafe ich trotzdem schnell ein.

Pilger oder Tourist?

Heute ist alles anders. Eine so kurze Strecke habe ich an keinem anderen Wandertag zurückgelegt, und schon gar nicht mit gewaschener Kleidung und ohne Gepäck. Vermutlich ist jetzt gar nicht zu erkennen, ob ich Tourist oder Pilger bin. Im Moment bin ich mir da selbst nicht sicher. Der Rollstuhl fährt so leicht, schnell und wendig, als ob er kein Gewicht hätte, sondern schweben würde. Oder bin das ich?

Santiago, mein großes Ziel. Es sind kaum Menschen in den Gassen unterwegs. Ich finde mich gleich gut zurecht, es erscheint mir wie gestern, dass ich mit Lydia bei strahlendem Sonnenschein hier war. Eigentlich hätten wir auch damals noch nach Finisterre wandern können, aber Lydia war müde: »Ich bin für die nächsten Jahre genug gelaufen.«

Ohne Umwege gehe ich zur Kathedrale, wo ich gegenüber im Pilgerbüro mir schon damals meine Pilgerurkunde, die Compostela, habe ausstellen lassen. In der Kirche bete ich für die Menschen, die mir geholfen haben, mein Ziel gesund zu erreichen.

Vor der Kathedrale von Santiago: Regen ohne Ende

Ich lehne mich an eine Säule, es ist noch genug Zeit bis zum Beginn des Gottesdienstes. Während des Gebetes laufen die Tränen unaufhörlich, ich bin dankbar und erleichtert, hier sein zu dürfen. 33 Tage ohne schwere Unfälle, Krankheiten oder irreparable Materialschäden, nicht zu vergessen die immer wieder perfekt dosierte Hilfe, die mir an den unglaublichsten Orten zuteil wurde.

Im Geiste gehe ich den gesamten Weg noch einmal ab. Und mir wird klar, wie selten ich an manche Freunde oder meine beiden Brüder gedacht habe. Hier werde ich mich entsprechend – ändern.

Ich bin müde, aber die Neugier treibt mich in ein Internet-Café. Wie in Trance checke ich E-Mails, Aktienkurse und lese Nachrichten. Wie ferngesteuert mache ich Handgriffe, die ich gar nicht tun möchte. Ich spüre es in jeder Sekunde: Draußen in der Welt hat sich so wenig verändert, in meinem Inneren habe ich jedoch das Gefühl, ein anderer Mensch zu sein, kräftiger und voller Gewissheit, dass ich nie wirklich allein bin. Paradoxerweise zeigen mir gerade diese mechanischen Handgriffe, wie weit ich mich von meinem Alltag entfernt habe.

Auf meinem Weg zurück zur Stille des Monte do Gozo zieht es mich in eine Bar. Das Bier schmeckt herrlich, und auf dem Musikkanal laufen Rockvideos aus den achtziger Jahren, während das Regenwasser in Bächen die engen Gassen flutet. Die meisten Lieder kann ich mitsingen, ich fühle mich großartig.

Spuren im Alltag

Jeder geht auf dem Jakobsweg den gleichen Weg. Die Pilgererfahrung ist unabhängig von der Fortbewegungsmethode, ob zu Fuß, per Fahrrad, mit dem Pferd oder dem Rollstuhl. Die gemeinsamen Erfahrungen schweißen zusammen, Hitze, Kälte, Hunger, Durst hat jeder Pilger auf dem gesamten Weg erfahren, und auch Rettung. Es gibt Kraft zu wissen, mit Brüdern in eine gemeinsame Richtung zu schreiten, mit Brüdern, die einander helfen, sollte das notwendig sein.

Das unterscheidet die Zeit hier vom Alltag. Dort ist Gemeinschaft oft nicht sofort erkennbar. Jedes unserer individuellen Ziele scheint von denen unseres direkten Nachbarn getrennt zu sein, und konsequenterweise meint jeder für sich allein kämpfen zu müssen.

Ich habe auf dem Jakobsweg ein weitgestecktes Ziel erreicht, mit viel Glück, *suerte*, und Gottes Hilfe. Immer gab es in Zeiten der Not einen Engel, der mir den hilfreichen kleinen Schub gab.

Mit dieser Kraft und Zuversicht werde ich nach Frankfurt zurückkehren. Vor dreizehn Jahren habe ich mir vorgenommen, ein Leben zu führen, in dem der Rollstuhl mich nicht stoppt, sondern, im Gegenteil, eher weiterbringt, der für mich arbeitet und nicht gegen mich. Ich habe das Gefühl, nach langer Zeit und vielen Mühen inzwischen wirklich an diesem Punkt angekommen zu sein. Nach meiner Pilgererfahrung weiß ich, dass alles noch so unmöglich Erscheinende machbar ist und ein noch so entfernter Traum Realität werden kann.

Der nächste Schritt ist Heilung auf allen Ebenen zu erfahren. Immer noch glaube ich fest daran, eines Tages aus diesem Stuhl aufzustehen und wieder gehen zu können. In diesem Punkt vertrete ich vollkommen die Meinung von Christopher Reeve, dem verstorbenen Darsteller des Superman, der fest daran glaubte, wieder allein auf seinen Beinen stehen zu können. Ich gebe die Hoffnung nicht auf, und wenn ich es schaffe, werde ich still zu ihm sagen: »See, Chris, we knew it was possible!« Ich stelle mir vor, wie Rainman überall zu Fuß hinzulaufen und nie wieder einen fahrbaren Untersatz mit Rädern zu verwenden. Du lebst in München? Kein Problem, das sind von Frankfurt 350 Kilometer. In 10 Tagen bin ich da!

Nicht dass sich dieses Leben nicht auch auf vier Rädern lohnt, es ist erfüllt und oft glücklich, aber es ist schwerer. Vielleicht habe ich es mir jetzt lange genug auch noch schwerer gemacht, als es notwendig gewesen wäre, und da die Nerven im Rückenmark kein Anzeichen geben, in nächster Zeit zusammenzuwachsen, fokussiere ich mich auf meine seelischen Baustellen und räume auf. Dazu war diese Wanderung das Richtige. Ich konnte mich von altem Groll lösen, alte Wunden heilen. Ich freue mich auf das Kommende.

Ich bin in Aufbruchstimmung und habe mir eine Art Agenda von Punkten aufgestellt, die ich ändern möchte, Dinge, die ich erledigen möchte. Mental konnte ich die meisten davon schon auf dem Weg abhaken, nun geht es nur noch darum sie tatsächlich umzusetzen. Dank der intensiven Vorbereitung ist die Realisierung ein Kinderspiel.

Mein Vater bleibt mein Vater. Er hat nie Stellung genommen zu meinem Verdacht, dafür hat er mir seine Liebe so gut er konnte gezeigt und war stets für mich da. Mit den Jahren stelle ich in zunehmendem Maße physische Gemeinsamkeiten fest, wir haben die gleiche Kopfform, die gleichen Geheimratsecken, und in der Sonne werde ich so schnell braun wie er. Vielleicht hatte der Laborassistent in Berlin damals einen schlechten Tag, vielleicht hat er einen Fehler gemacht. Oder ich habe die Wattestäbchen in meinem Furor irgendwie vertauscht? Ich brauche keine weitere Klarheit. Es ist gut so.

Schon seit langem bewegen meine Brüder und ich uns in eine entgegengesetzte Richtung. Wenn aber zwei Menschen sich von einem beliebigen Punkt der Erde in die jeweils andere Richtung auf den Weg machen, treffen sie sich nach 20 000 Kilometern auf der anderen Seite des Globus wieder. Das ist meine Hoffnung. Es gibt immer eine Hoffnung.

Ich durfte mit wunderbaren Frauen in langen Beziehungen zusammen sein, mit Frauen, die mich bedingungslos auch in meiner Situation als *rolling man* akzeptierten und liebten. Oft war ich derjenige, der sich trennte, mit der festen Überzeugung, eine Liebe könne kein ganzes Leben dauern. Ich war davon besessen, stärker werden, positive Veränderungen spüren und Unmögliches erreichen zu wollen. Mit meiner Überschallgeschwindigkeit kann vermutlich kein zweiter Mensch Schritt halten. Die Lektion meines Pilgerwegs aber ist klar, sie steht im Widerspruch zu meinem Verhalten: Eilen hilft nicht, entscheidend ist nur, rechtzeitig aufzubrechen.

Bald werde ich Tag für Tag wieder zur Arbeit rollen, vier Kilometer ohne Motor bei jedem Wetter. Es wird mich an das Pilgern erinnern, und es werden vielleicht die glücklichsten 40 Minuten des Tages sein, morgens und abends, Zeit, den Tag zu beginnen und ihn abzuschließen. Leider werde ich mich dabei wieder an den heftigen Verkehr gewöhnen müssen. Wie leicht macht es uns doch die Natur.

Der Jakobsweg lehrt mich noch etwas anderes. Mit vielleicht zehn Prozent meiner Zeit habe ich bei vollem Einsatz so viel erreichen können. Was wäre erst möglich, wenn ich mich einer Sache mit der gleichen Intensität, aber mit deutlich mehr Zeit verschreibe?

Bei diesem Gedanken verspüre ich lediglich Angst, dass das Neue mich mit seiner Fülle überwältigen könnte. »The moment I let go of it, was the moment I got more than I could handle.« (Alanis Morissette)

Eine Behandlung machte es vor einigen Jahren erforderlich, die Werner Wicker-Klinik über zehn Jahre nach dem Unfall für einen kurzen stationären Aufenthalt erneut aufzusuchen. Viel hatte sich nicht verändert, aber ich war ein anderer geworden. Sehr viel alter Schmerz wollte ein letztes Mal empfunden werden, um danach endgültig freigelassen zu werden. Nach fünf Tagen wurde ich entlassen. Ein letztes Mal suchte ich den Raum der Stille auf und dankte Gott, dass ich manche negativen Gefühle leicht löschen konnte. Als könnte ich einen schweren Koffer endgültig zurücklassen, verließ ich Bad Wildungen glücklich und frei.

Mental nehme ich jeden Tag liebevoll Abschied von Dingen, die mich belasten. Ich glaube, dass ich nach insgesamt 81 Tagen intensivem Erleben auf dem Jakobsweg, alle drei Wanderungen zusammen genommen, die Weichen für eine glückliche Zukunft gestellt habe. Die Freude darauf lässt mich in gespannter Erwartung ganz ruhig sein: Ich muss der Spur nur weiter folgen.

Bonus: Ans Ende der Welt

Diesmal will ich beenden, was ich vor zwei Jahren versäumt habe. Ich will nach Finisterre. Und ich will meine Verabredung mit Roberto einhalten. Es macht nichts, dass wir uns nur lose verabredet haben, für mich gilt es, das allein zählt.

Schon der Ruhetag in Santiago reißt mich aus meinem gewohnten Rhythmus. Es ist gar nicht so leicht, die Situation zu benennen, in der ich mich gerade befinde. Ich habe das Ziel erreicht, ich habe es geschafft. Ich bin angekommen. Dass sich unterwegs noch ein weiteres Ziel ergeben hat, verändert jetzt alles. Wichtig ist, dass ich die Konzentration nicht verliere, den Sinn für das, was ich mache. Um an den westlichsten Punkt Spaniens zu gelangen, muss ich mir ein neues Ziel setzen. Wieder lege ich alles in die Waagschale, mit weniger geht es nicht.

Es regnet immer noch, als ich Santiago am nächsten Morgen in Richtung Westen verlasse. Noch nie war ich so viel Regen ausgesetzt wie während der letzten Wochen. Dennoch bin ich davon überzeugt, dass es weiter im Westen aufklaren wird – trotz der 50 verschiedenen Wörter, die es, wie sich alle erzählen, in Galicien für Regen geben soll.

Es ist fast wie am ersten Tag, am Anfang steht ein Test. Das gerade Erreichte zählt nicht, es geht von vorne los. Will ich das wirklich?

Auf dem Weg aus der Stadt hinaus verlaufe ich mich und finde erst über große Umwege die markierte Route. Meinen Hut lege ich auf meine Beine unter das Regencape. Ich weiß nicht, ob ich ihn schonen will, jedenfalls ziehe ich mir die Kapuze über und sehe wieder einmal aus wie zwölf. Als ich endlich weiß, wo ich mich befinde, bemerke ich, dass ich meinen Hut verloren habe. Ich drehe nicht um, er war nur als Sonnenschutz gedacht. Aber etwas anderes irritiert mich deutlich mehr. Ich sitze so weich, als ob der Rollstuhl eine Federung hätte.

Richtig: der nächste platte Reifen. Diesmal ist es zur Abwechslung in einem Gewerbegebiet soweit. Der weiche Reifen lässt mich sanft laufen, die harte Felge aber sagt mir unmissverständlich, dass es nicht weitergeht.

Der Angestellte des Heimwerkergeschäftes stellt mir hilfsbereit einen Stuhl unter das Vordach. Das Loch ist schnell gefunden, die Glasscherbe steckt noch im Mantel. Ungefragt nimmt mir der Mann den reparierten Reifen aus der Hand und füllt ihn mit Luft. So schnell war ich noch nie wieder bereit zur Weiterfahrt.

Ich erzähle ihm, wo ich meine Wanderung begonnen habe und dass ich jetzt noch auf dem Weg nach Finisterre bin. Mit Tränen in den Augen berichtet er von seiner Frau, die Multiple Sklerose hat und seit Jahren im Rollstuhl sitzt. Sie habe den Weg auch immer gehen wollen, sich jedoch nie getraut. Heute Abend wird er ihr von mir erzählen, vielleicht ein neuer Anstoß?

Er dankt mir für die Inspiration und schenkt mir zum Abschied eine Fotokopie der Straßenkarte. Dann weiß ich wenigstens, wo ich bin, falls ich einmal improvisieren muss.

Es klart auf, seit über einer Woche scheint die Sonne zum ersten Mal. Völlig unerwartet sehe ich in einiger Entfernung eine mit einem Rucksack beladene Gestalt. Fange ich schon so stark zu träumen an, dass ich meine Wunschbilder real vor mir sehe? Ich juble innerlich. Die Zeit der Einsamkeit ist vorbei.

Viele Gehöfte liegen hier verstreut auf beiden Seiten des Wegs. Anstelle der Relikte aus der Römerzeit prägen prächtige mittelalterliche Kirchen, Herrenhäuser und Brücken die Pilgerroute. Der Weg nach Finisterre ist in drei überschaubare Abschnitte untergliedert, und am Ende eines jeden befindet sich eine Herberge.

Auch für diesen kurzen Camino de Finisterre erhält der Reisende einen eigenen Pilgerausweis, denn der Jakobsweg ist in Santiago offiziell zu Ende. Hier kann man den so genannten Sternenweg noch ein Stück gehen. Der klassische Jakobsweg, der Camino Francés, verläuft genau unterhalb der Milchstraße, weshalb er auch Sternenweg genannt wird. Über Santiago hinaus führt der Camino de Finisterre diesen Weg bis an sein westliches Ende fort.

In Negreira, der alten Hauptstadt der Region A Barcala und meinem ersten neuen Etappenziel, treffe ich fünfzehn weitere entspannte

Pilger in der luxuriösen Unterkunft. Wie anders die Stimmung auf diesem neuen Weg ist! Wir kennen uns nicht, und doch verbindet uns eine Menge. Wir alle haben eine wochenlange Reise durch Hitze, Kälte, Regen, Sonne, hinter uns, bergauf, bergab, endlos geradeaus. Jeder von uns hat als Pilger auf diesem Weg etwas Besonderes erfahren, und das strahlt er jetzt aus. Zufriedenheit und ein gesundes Selbstbewusstsein.

Wer heil in Santiago ankam, erlebt nun nach der Pflicht die Kür. Das Bild gefällt mir: das Erlebte auf dem Weg ans Ende der Welt ausklingen lassen …

Niemand hat es an diesem Morgen besonders eilig. Es wird genug Betten für uns alle in Olveiroa geben, wir wissen, dass wir die nächsten Tage gemeinsam verbringen werden. Unsere gelegentlichen Treffen auf dem Weg und das abendliche Zusammensein genieße ich. Wie selten hatte ich solche Gemeinschaft auf den 1100 Kilometern davor, und wie sehr habe ich diese Seite des Pilgerns vermisst.

Immer wieder erreiche ich Hochebenen, von denen ich eine spektakuläre Sicht über eine herbstliche Landschaft habe. Die Blätter beginnen sich zu verfärben und leuchten gelb. Die Luft schmeckt frisch, meine Poren saugen die Feuchtigkeit auf – wetten, dass ich um Jahre jünger aussehe?

Von dem 550 Meter hohen Arro hat man einen wunderbare Rundsicht über das Land. Dummerweise erwische ich die falsche Straße nach unten, nach einer Stunde Fahrt »wie im Fluge« muss ich umkehren. Macht nichts, jetzt kann mich gar nichts mehr aus der Bahn werfen. Komme ich eben später in Olveiroa an.

In Olveiroa schüttet es mal wieder aus allen Fugen. Eine alte Bauernsiedlung wurde zu einem Herbergsgelände umgestaltet, den Wanderern stehen einzelne kleine Landhäuser zur Verfügung. Beim gemeinsamen Abendessen sitzen wir diesmal besonders lange zusammen, keiner will bei den sturzbachartigen Regenfällen noch einmal vor die Tür gehen.

Ich bin der Letzte, der ins Bett geht. Totenstill liegen die Steinhäu-

Wer findet wessen Anblick exotischer?

ser über das Gelände verstreut. Selten habe ich so tief geschlafen wie hier.

In dem kleinen Örtchen Cee sehe ich zum ersten Mal den Atlantik. Es ist warm, die Möwen kreischen hier schon. Nur noch elf Kilometer bis Finisterre.

Ich setze mich auf eine Bank in die Sonne und sauge die salzige Meeresluft ein. Dann widme ich mich, als ob es die banale Begleitmelodie meiner Wanderung wäre, einem Platten. Zweifellos mein schönster während der ganzen Zeit – und mein Letzter!

Der weitere Weg führt fast ausschließlich am Wasser entlang. Ein steiler Anstieg bei Corcubión muss noch überwunden werden. Ein Auto hält vor mir auf dem Standstreifen, und ein junger Mann springt heraus. Ein Freund von Roberto, der mich unbedingt hier und jetzt mitnehmen will, denn er hat Roberto im Lokalsender über mich sprechen hören.

»Wir können uns ja heute Abend in Robertos Bar treffen«, schlage ich ihm vor. Laut hupend verschwindet er. Die letzten Meter muss ich allein zurücklegen.

In der Herberge herrscht viel Trubel, Robertos Bar ist gleich gegenüber. Aber erst einmal ankommen, erst einmal etwas Frisches anziehen, erst einmal gemeinsam kochen und essen. Alle sind vor Freude außer sich und zeigen sich gegenseitig immer wieder stolz ihre zweite *Compostela*, die neue Pilgerurkunde des Camino di Finisterre.

Ich bin am Ziel der Reise. Nach 36 Tagen bin ich am Kap Finisterre.

Allein laufe ich den drei Kilometer langen ansteigenden Weg aus dem Ort zum Kap hinaus. Hier sehe ich das letzte Mal die typische Wegmarkierung. Während der vergangenen Tage stand wie immer die Kilometerangabe bis zum Ziel darauf. Nun lese ich: 0,00 Kilometer.

Tiefe Freude und Ruhe breiten sich aus. Es ist wunderbar, aus eigener Kraft am Ziel anzukommen. Die Sonne geht im Meer unter, und dann gehe ich das erste Mal nach 1200 Kilometern den gleichen Weg zurück. Meine durchgewetzten Handschuhe lasse ich liegen. Ich bin frei.

0,00: Ziel und Startpunkt zugleich. Ich freue mich darauf!

Punto Final Bar

In der Bar von Roberto wird gefeiert. Als besondere Willkommensgeste serviert er uns seinen Tostada, einen selbst gebrannten Schnaps. Nach gutem spanischem Brauch lässt er die Flasche gleich auf dem Tisch stehen.

Halleluja!

Danksagung

Meinem Schöpfer, Ursprung und Sinn meines Lebens, Gott. Dem heiligen Jakobus und meinen zahllosen Schutzengeln.

Allen in diesem Buch vorkommenden Personen, ihr seid ein wichtiger Bestandteil meines Lebens und macht es reich. Meinen Lektoren Felix Rudloff für seine Geduld und Werner Irro für das Gespür, die richtigen Fragen zu stellen; Gesine de Castro, Raimund Joos, Sedonia Haars für ihre Notizen und die Kerze am Frühstückstisch; der Guardia Civil, Don Blas; Dirk & Frank für den entscheidenden Kick, das Buch zu schreiben; Petra Eggers und Diana Stübbs. Gabi, Matthias, den Pflegenden (Anna!) und Ärzten des Gemeinschaftskrankenhauses Herdecke, einem wunderbaren, lichtvollen Ort.

Mein Weg auf der Vía de la Plata

Frankfurt – Barcelona – Sevilla – Guillena (mit Flugzeug und Bus)

Guillena – Castilblanco de los Arroyos (15 Kilometer)
Castiblanco de los Arroyos – Almadén de la Plata (30 km)
Almadén de la Plata – Monesterio (37 km)
Monesterio – Calzadilla de los Barros (30 km)
Calzadilla de los Barros – Villafranca de los Barros (33 km)
Villafranca de los Barros – Torremegia (35 km)
Torremegia – Aljucen (33 km)
Aljucen – Aldea del Cano (35 km)
Aldea del Cano – Casar de Cáceres (34 km)
Casar de Cáceres – Cañaveral (34 km)
Cañaveral – Grimaldo (8 km)
Grimaldo – Carcaboso (32 km)
Carcaboso – Aldenueva (40 km)
Aldenueva – Calzado de Bejar (23 km)
Calzado de Bejar – Fuenterroble (22 km)
Fuenterroble – Morille (30 km)
Morille – Salamanca (22 km)
Salamanca – El Cubo del Vino (33 km)
El Cubo del Vino – Zamora (32 km)
Zamora – Riego del Camino (34 km)
Riego del Camino – Tabara (33 km)
Tábara – Santa Mata de Tera (24 km)
Santa Mata de Tera – Mombeuy (38 km)
Mombeuy – Puebla de Sanabria (30 km)
Puebla de Sanabria – Lubian (32 km)
Lubian – A Gudiña (24 km)
A Gudiña – Verín (38 km)
Verín – Sandiás (37 km)
Sandiás – Ourense (38 km)
Ourense – Cea (25 km)
Cea – Lalín (35 km)
Lalín – Monte do Gozo (38 km)
Monte do Gozo – Santiago de Compostela (5 km)

Santiago de Compostela – Negreira (25 km)
Negreira – Olveiroa (37 km)
Olveiroa -- Finisterre (35 km)

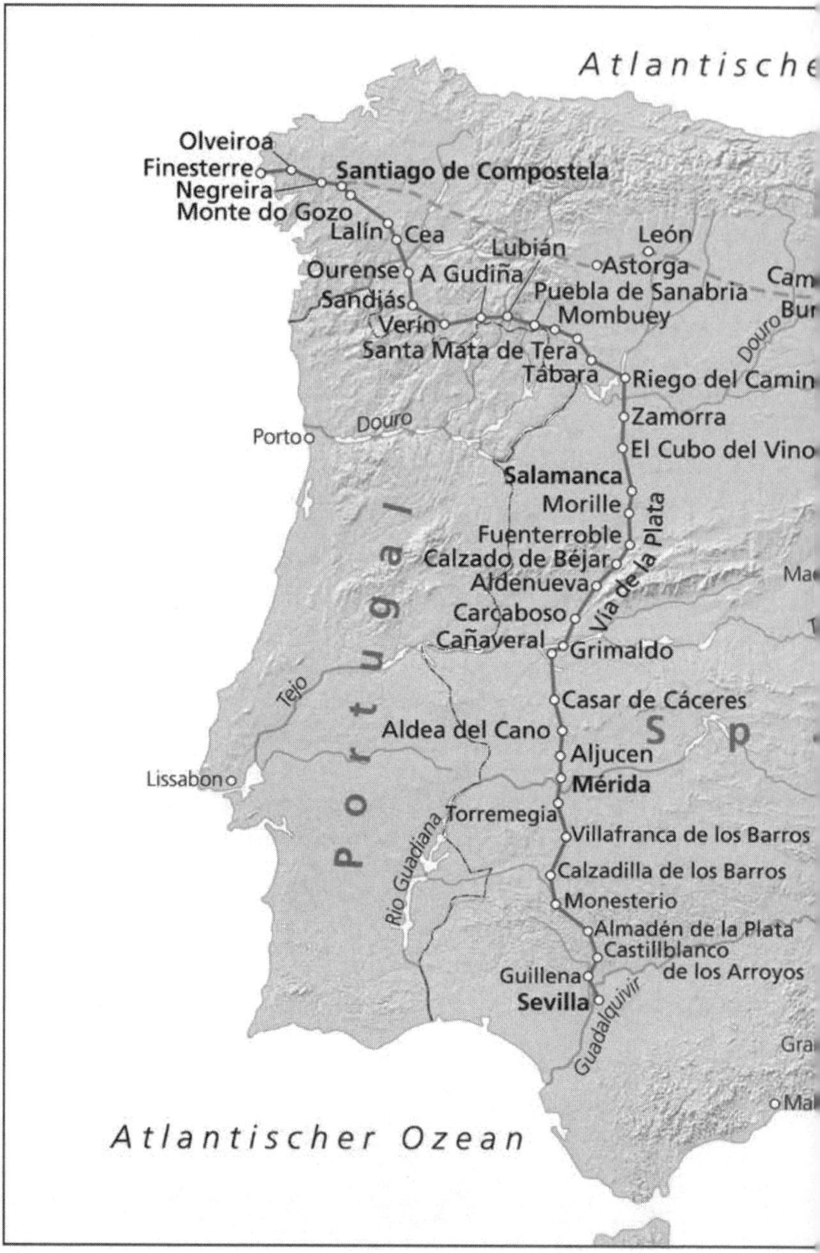

Atlantische
Olveiroa
Finesterre
Santiago de Compostela
Negreira
Monte do Gozo
Lalín
Cea
Lubián
León
Ourense
A Gudiña
Astorga
Puebla de Sanabria
Sandiás
Mombuey
Verín
Santa Mata de Tera
Tábara
Riego del Camin
Zamorra
Douro
Porto
El Cubo del Vino
Salamanca
Morille
Fuenterroble
Vía de la Plata
Calzado de Béjar
Aldenueva
Carcaboso
Cañaveral
Grimaldo
Portugal
Tejo
Casar de Cáceres
Aldea del Cano
Aljucen
Lissabon
Mérida
Torremegia
Villafranca de los Barros
Rio Guadiana
Calzadilla de los Barros
Monesterio
Almadén de la Plata
Castillblanco de los Arroyos
Guillena
Sevilla
Guadalquivir
Atlantischer Ozean

zean
Frankreich
St Jean-Pied-de-Port
Pamplona
ucés
Logroño
Ebro
Barcelona
Valencia
i e n
Mittelmeer
0
150 km
Mein Weg auf der Via de la Plata